绥江

【文化昭通】

长江东转处 滇北移民城

总策划 杨亚林 郭大进
主　编 王忠
本卷主编 李平

云南人民出版社
云南出版集团

"文化昭通"丛书编委会

总 策 划 杨亚林 郭大进
主 编 王 忠
副 主 编 尹朝禹 吴 静
执行主编 朱大庆 郑 萍 吕亚平
总 监 制 李 维
监 制 江庆波

编 委 李 勇 艾自由
编 务 王嫣霏 张荣炯 陈文超 杨恩智 文 鹏

文化昭通·绥江

本卷编委会

本卷策划 杨 淞 马康凤
本卷主编 李 平
本卷副主编 黄邦林
本卷执行主编 刘邦铭

本卷编委 许国江 曾传涛 李柏松 凌征鸿 杨长勇 蒋璧应
  罗德艺 赵崇燕
本卷撰稿 吴运强 刘邦铭 锺旭波 赵旭良 廖玉兰 张 平
  黄发滨
本卷摄影 马志明 王德才 赵旭良 苟悦明 康世远等
本卷编务 郑筱瑾 杨 峰 周开会 康雪梅

图书在版编目（CIP）数据

文化昭通.绥江 / 李平主编. -- 昆明：云南人民出版社，2018.12
ISBN 978-7-222-17223-4

Ⅰ.①文… Ⅱ.①李… Ⅲ.①地方文化 - 绥江县
Ⅳ.① G127.743

中国版本图书馆 CIP 数据核字 (2018) 第 098516 号

创意策划： 云南出版集团公司产业发展部
出 品 人： 赵石定
责任编辑： 姚实名　文艺蓓
设计总监： 袁亚雄
装帧设计： 云南非鸟文化传播有限公司
责任校对： 陈春梅
责任印制： 洪中丽

文化昭通・绥江
WENHUA ZHAOTONG SUIJIANG

主编： 李　平
出版： 云南出版集团　云南人民出版社　　// **发行：** 云南人民出版社
社址： 昆明市环城西路 609 号　　　　　　// **邮编：** 650034
网址： www.ynpph.com.cn　　// **E-mail：** ynrms@sina.com

开本： 787mm×1092mm　1/16　// **印张：** 17　// **字数：** 220 千
版次： 2018 年 12 月第 1 版第 1 次印刷
印刷： 云南出版印刷（集团）有限责任公司　云南国方印刷有限公司

书号： ISBN 978-7-222-17223-4　　// **定价：** 79.00 元

如需购买图书、反馈意见，请与我社联系
总编室：0871-64109126　发行部：0871-64108507　审校部：0871-64164626　印制部：0871-64191534

版权所有　侵权必究　印装差错　负责调换

云南人民出版社微信公众号

总序

600万年前，地球这颗星球还是一片蛮荒。

现今的昭通坝子是野生动物的乐园。

猿、鼷鹿、貘、剑齿象、犀牛、河狸、水獭在这里生生灭灭。

太古蛮荒，日长如年。

星球旋转，时序更迭。

几百万年的岁月就这样过去。

10万年前，昭通过山洞一带，有了"人"。他们从哪里来，不知道；他们怎么生活，不清楚。

昭阳巡龙湾、鲁甸野石、巧家小东门等石器时代遗址的发现，让历史的蒙昧天幕依稀闪现出了一丝文明的曙光。

人类在繁衍，母系、父系，生生不息。

部落在迁徙，登山、涉水，寻求更好的环境。

公元前7世纪的春秋早期，中原已是"郁郁乎文哉"，滇东北高原还是一片黑暗。

一个人，一个部族的出现，改变了这一切。

他，就是杜宇！

昭通有文字记载的历史从此开始。

杜宇"从天堕，止朱提"，拂去神话的色彩，应是一个在西南大地上迁徙的部族。他或他们在朱提——昭通坝子的突然出现，揭开了昭通文明史新的一页。

足音如雷，人声鼎沸；筚路蓝缕，以启山林。

从此，弹丸之地的昭通和中华文明的母体，紧紧连在了一起。

来也匆匆，去也匆匆。

稍事休养生息后，杜宇，又带着他的部族北上了。

如果说，文明是人与自然结合的产物，是人在自然界留下的痕迹，那么，杜宇刻在昭通的痕迹，是既涂且重了。

这条痕迹在滇东北的密林深箐，崇山巨壑中往北延伸，进入川南，直达成都。

这，就是五尺道的前身。

不管后人把这条道路叫作海贝之路、盐铁之路，抑或是茶马之路、丝绸之路，但它实实在在是一条羊肠小道，是一条文明的脐带。

而这条路，是杜宇和他的部族，用脚板走出来的。

昭通，是这条文明脐带上的一个重要节点。

整个春秋战国时代，正是这一条血脉，联系了中原和南滇，尽管有时它似乎微弱得似有若无。

公元前4世纪末，李冰为蜀守，修筑了闻名于世的都江堰。但，不要忘记，他还有一个功劳，就是修筑了从僰道（今宜宾）通往滇东北的道路。

又过了百年，到公元前3世纪末，秦始皇"席卷天下，包举宇内"，海内一统，雄才大略的他又把眼光盯在了这条道路上，他派常頞在李冰修筑的基础上，把路往南延伸，"五尺道"初步定型。并在"诸此道颇置吏焉"，秦王朝的触角伸向了这里。

昭通"锁钥南滇，咽喉西蜀"，成了中原通向云南的桥头堡。汉文化、西南夷文化在这里交融，碰撞出了绚丽的火花。

文化昭通的滥觞从这里开始。

西汉王朝设郡置县，通道置驿，移民屯田，中原的先进文化随着铜铁竹木、僰僮髦牛的贸易，源源不绝输入这里。西汉末，文齐率夷汉人民"凿龙池，溉稻田"，说明农耕文化已然发展。

东汉，随着南中大姓的兴起，汉文化已扎根这片大地。灿烂的朱提青铜文化，使昭通成为名副其实的"中国汉洗之乡"。被誉为"南中瑰宝"的东汉《孟孝琚碑》是儒风吹拂高原的明证。它那理性而悲愤的文字内容、沉郁而厚重的书法风格，连同朱提青铜器那精美的制作工艺，至善至美的工匠精神，给昭通文化不小的影响。

东晋"霍承嗣壁画墓"中的夷汉部曲壁画形象，是夷汉文化在昭通进一步融合的明证。这时的昭通"其民好学，为南中冠冕"，文化的发展已然走在云南的前列。

当然，文化的发展从来是不平衡的。五尺道沿线及坝区的居民点，受汉文化影响较深，南中大姓基本沿用内地的生活方式，而边远山区的一些部族，到了晋代依然还是"食内衣皮、言语服饰不与华同"。

南北朝至隋唐，随着中原王朝的衰微，"夷强汉弱"，文化的发展亦进入低谷。

唐宋昭通夹在中原王朝及云南地方政权南诏、大理之间，天高皇帝远，除豆沙关留下一小块唐袁滋摩崖刻石外，未发现更多的史料及文物。

宋、元、明三代，昭通与中原多数时间"荒梗不通"，成为乌蛮土司"争官夺印"、互争雄长之地。生产力停滞、倒退，文化建设上亦乏善可陈。

清雍正年间的"改土归流"，无疑是昭通政治、经济、文化发展史上的一个分水岭。流官、营兵、垦户、矿厂的大量入昭，带来了汉文化的再度复兴。"乌暗蒙蔽"变而"昭明通达"，昭通迎来了历史上第二个文化的高峰，从而开昭通近代文化之先声。

民国昭通作为云南高层领导龙云、卢汉的故里，素有"小昆明"之称。云南作为抗战的后方，大量南渡北归的文化人经过，为昭通带来了文化的新气息，使昭通文化的发展，比肩于内地发达地区。

改革开放后，惊雷声声，万绿齐萌于沃野；春风忽渡，鲜花竞放于高原。"昭通作家群"的异军突起，标志着昭通文化进入了一个希望的春天。

　　回眸昭通文化，它像一条历史长河，千折百回，跌宕起伏。时而惊涛裂岸，时而幽咽泉流。有辉煌也有暗淡，有厚重也有单薄，有前进也有停滞。

　　凝视它，有欣喜也有苍凉。

　　我们没有理由妄自菲薄，我们更不该夜郎自大。

　　昭通文化，是一个复合多元的文化，是生活在这块土地上的各族人民共同创造的。这条文化的长河，流淌着生活在这块土地上的各族人民的心血和汗水，是各族人民共同创造的结晶。

　　从杜宇部族脚下的草莽小径，到蜿蜒曲折的五尺道，到今天的高速公路、铁路、航空线，文化的脐带愈来愈宽阔、愈来愈结实。

　　交通，与昭通文化的关联太紧密了。

　　昭通、昭通，不昭不通，不通不昭。

　　昭明，才能通达；通达，将更加昭明。

　　一个更开放、更包容的社会，将更有助于昭通文化的繁荣兴旺。

　　在前进的道路上，我们既要回望传统，又要放眼未来。

　　要守住自己的根，也不要小视别人的果。

　　要有文化的自信，更要有文化的自省。

　　这样，我们才能长大。

序

我家住在金河边。

金河,是我们对金沙江的昵称,这条从各拉丹冬万涓成水汇聚而来的金色河流,在横断山脉的夹峙中左冲右突,终于在滇东北挣脱群山的束缚,昂首阔步直奔东海而去。

金沙江在滇东北的这个转折,我们称之为"长江东转"。"长江东转"这方热土,就是金沙江哺育成长的我们的家乡——绥江。

新石器时期,黄龙村点燃了绥江文明的第一支火把。自此,绥江儿女成长的每一步都深深地烙上了金沙江的印迹。不管是秦汉时期酒坊沟墓葬中那把神秘的青铜剑以及剑身上莫测的"巴蜀图语",还是新滩后坡石壁上镌刻的至今无人能识的图案和文字;不管是诸葛亮与孟获从你死我活的争斗到握手言和,还是"元跨革囊"浮江而渡与地方政权数十年的拉锯战争,以及明清延续百十年的"改土归流",无不凸显出滇川之间绥江这一弹丸之地的重要位置,无不见证着绥江彝汉共处、睦邻而居的历史事实。

时来天地皆同力,大自然的神秘力量孕育"长江东转"这一独特的地理坐标,而因向家坝电站迁建的移民新城,则是人类改造自然创造的世间奇迹,为绥江赢来人们更多关注的目光。如今的绥江,城新景美,人杰地灵。既有"秀削居然攀太华"的华峰高山,也有"波浪直趋江汉下"的大小汶溪；既有"霞边城郭水边楼"的独特美景，也有"村村共戴太平天"的淳朴民风。

冯骥才先生曾言"一个地方自有地名才算真正的诞生"，如此说来，绥江的出现不过百余年的历史，新城迁建甚至不足十年。但历史从来未曾中断，文化自古绵延不绝。如果说画卷般铺展的数十里平湖、如笔倒写苍天的奇峰峻岭是绥江的血肉，那么，古入声保存完好的方言和众志成城、无私奉献、敢为人先的移民大迁建，流淌在金沙江峡谷的天籁之音——金江号子、打鼓草山歌，以及崇文博学的文化传承、共赴国难的勇武质毅，则是绥江人骨子里的精、气、神！

这精、气、神，陪着绥江战胜蛮荒走向文明，伴着绥江人从湖广迁徙四川，也必将追随绥江儿女走向更宽广的舞台、更广阔的天地。

这精、气、神，是我们流淌的血液，是我们成长的营养，是我们生存的根本，是我们前进的动力，是我们未来的指向……

目录 Contents

1　总　序

5　序

001　第一章　我家住在金河边

002　文明的火种，初恋的弦音

016　博弈马湖江：从诸葛南征到改土归流

028　花县分符设副官

036　此心安处是吾乡——跨越两百年的绥江大移民

043　第二章　益寿养颜慢绥江

044　数十里风光一幅画
082　烟云深处洗凡尘

137　第三章　风情这边独异

138　刻有荆楚滇川文化痕迹的"三川半"

172　绥江独有耐思量

184　峡谷中的天籁

196　迤东学务之冠——小县绥江的文脉传承

220　走出峡谷，乘长风破万里浪

238　铁瓮关口与邱氏父女

244　闻香驻足的美食

256　我在绥江等你（代后记）

第一章
我家住在金河边

我家住在金河边
金河流过家门前
鱼儿蹦，鸟儿飞
快快乐乐好家园
……

《金河谣》旖旎优美的旋律直扣心扉，一派美丽富饶的景象展现在眼前。

金河，绥江人（岂止是绥江人，金沙江下游两岸的人）对金沙江的昵称。

人类来自何方，也许是个永恒的哲学命题。生命离不开水，江河孕育文明，这是无须证明的真理。黄河文明、长江文明、尼罗河文明、两河文明、印度河文明……所幸，我们就生活在金河边。

金河是一条会说话的江河，时而欢歌，时而呜咽，时而高亢，时而低吟，时而倾诉，时而自语……仿佛总有说不完的故事，哪怕是那些不懈追随金河脚步的石头，也充满了无数神秘的故事。

金河，金河边的家，家里头的亲人，亲人伫望的渡口，渡口旁边那棵黄葛树，黄葛树下那家小茶馆，小茶馆连着那条铺满石子的便道，石子便道尽头是条石上长着青苔的街巷，街巷靠金河一侧的吊脚楼，吊脚楼上木窗里守候的灯光……我们一生都流淌着的全部最清晰、最珍贵的记忆，我们心灵深处一直揣着的静谧而又温暖的念想，是我们生存的根，是我们成长的营养，是我们流淌的血液。

有时，我们把它叫作历史。

有时，我们把它叫作文化。

文明的火种，初恋的弦音

> 从黄龙村新石器遗址走出来的绥江儿女，沐浴着秦风汉雨，吟诵着唐诗宋词，翻阅着明清小说……他们在酒坊沟生活、争斗，他们在新滩后坡祭祀、歌舞，他们披荆斩棘，筚路蓝缕，走过蛮荒，走过艰辛，跟着金沙江的脚步，一路走到今天。

黄龙村新石器遗址

从唐古拉山奔腾而来的金沙江，在丽江石鼓镇变得狡黠起来，时而南行，时而北走，直至进入绥江境内，才开始暴露它东流到海不复还的真实意图。绥江县南岸镇就正好坐落在这个转折点上。从石鼓到南岸，形成"U"形大转弯，与黄河"几"形大曲遥遥相对，成为两条母亲河相隔最远的地方。

大江萦回，群峰环峙，在母亲河的孕育和呵护下，南岸成为早期人类的活动区之一。这里有个叫黄龙的村子，虽以龙名，却是金沙江边再普通不过的村落。黄龙村不大，却能在《绥江县志·大事记》里留下一笔：1985 年 8 月 9 日，县境西北部暴雨，次日，胜利烂泥槽水库塌坝，4 万立方米水泻出，范家沟两侧农田、山林被冲毁，岩下南岸乡在地里做活的农民被水冲走，死亡 13 人。

这场灭顶之灾给小山村带来了重创。所幸，在前一年，黄龙村

的一次偶然发现，把这里的人居历史推到了三千多年前。那一年，中华人民共和国成立35周年，黄龙村的村民何宗德像祖祖辈辈一样，抡一把锄头，在自家的承包地里挖土，一季收成就在双手的尽情挥洒中。突然锄头触碰到什么，他轻轻挖开周围的泥土，一块奇怪的石头跃然眼前，玉黄色，和一般的鹅卵石不同，它的前端磨平，像斧头一样。何宗德挖到宝的消息不日间传遍了整个小山村，传到乡里、区里、县里。县文化馆的李善耘老师坐不住了，立即请示报告、组织人马，其实就是拉了一个帮手，11月22日到黄龙村进行调查，他一见这块石头，脱口而出："这是原始人磨制的石斧！"

　　李善耘的判断来源于经验，他曾参与揭开绥江新石器人居史的面纱。那是在1976年3月3日，"农业学大寨"，凤池坝金银山正在进行战天斗地的坡改台工程，干部和群众一起劳动，县革委干部孙治兴、温希楷合作挖大窝塘。他们挖到一块石头，连忙呼喊，大家竟然无动于衷，地里的石头实在太多。

峡谷奔流

金江岁月

直到吃午饭时，才聚在一起观看品评。这块灰黄色石头质地坚硬，呈扁平长条形，上宽下窄，通体光滑，像磨过一样，还有非常锋利的刃，像极了斧头。"是不是石斧？"人群中有人猜测。孙治兴眼睛一亮，将石头小心翼翼地放到一边，收工后立即拿到县文化馆进行考证。时任馆长段定贤和职工李善耘经过仔细察看，认为有可能是新石器时代的石斧。第二天，两人又在孙治兴的陪同下，将石斧放回原地进行进一步考察，拍照、绘图、记录。石斧通长15厘米，尾部宽5厘米，刃部弧长8.6厘米，斧身中部厚2.9厘米，无肩无穿孔，磨制极精，通体磨光，两侧有明显的人工磨平痕迹，刃部为双面磨制而成，呈弧形，非常锋利。回馆后，由李善耘执笔，段定贤补充，以绥江县文化馆的名义向云南省博物馆写专题报告。报告中特别提到"刃部有几处缺口"，那是人类留下的使用痕迹。

半年后，他们收到了复信："从寄来的石斧看，肯定是新石器时代的遗物无疑。"今天，这把石斧静静地躺在省博物馆的库房里。金银山石斧是绥江首次发掘出的新石器文化遗存，具有典型的滇东北类型新石器文化特征，该文化区比省内其他地区新石器文化进步，是新石器时代晚期的文化遗存，方国瑜先生认为其年代在公元前14世纪中叶以前。

1982年12月，李善耘又参加了昭通地区文物普查队，查到县医院大门处新石器时代文化层。正因为这些经历，让他在

国家三级文物：
黄龙村出土石斧

黄龙村大胆拍板：立即展开发掘。经过 27 天的奋战，他们发现新石器文化层一处，此后，村民们又陆续挖到 4 把石斧。黄龙新石器时代遗址残存约 1000 平方米，挖开 0.4～0.6 米的表土层，褐色沙土文化层约厚达 0.6 米。这是迄今为止，绥江发现的唯一一个完整的新石器文化层。

此后，在大沙赵家湾、石旮旯、后坝、黄茅坝等地又陆续发现了石斧。

这些石斧大多在金沙江河谷地带被发现，这条河是 150 万年前中国境内已知最早人类生活的那条河。走进黄龙村，我们仿佛听到在金河峡谷中回荡了数千年的砍砸声和吆喝声，看到点亮火把、开辟蛮荒、播种希冀的先民。今天，遗址已经没于一湖清泓下，驻足俯瞰遗址所在地，突然有种念头：时间会尘封起来等着你，就在原地，前人书写的文明史册的那些缺页总会被填补。

黄龙村出土的新石器时代的石斧

酒坊沟秦汉墓葬出土的钱币——秦半两

我追问天穹，石斧的主人从哪里来？又去了哪里？蓦然想起，那年溃坝事故时，祖母望着山洪，神情凝重。那是她的娘家，当天晚上，她回来说："好在，还有人在，家在。"家，金河边的家园，先民初恋的弦音和执着的吟唱，由远古绥江人开辟，延续至今。数千年来，世世代代的绥江人，在河边肥沃的坝子上耕种劳作、繁衍生息，开拓着世界的一部分，书写着世界在这里的文明，无论星移物换。这条奔腾的大河，已经变成静若处子的大湖，河岸文明将封存于记忆，河边，坝子上，人走了，家搬了，故土舍了，那些眼见的物质也将不在，但文化在、精神在，家就在……

酒坊沟秦汉遗址

酒坊沟位于绥江老县城西约两公里，此地因酿酒而得名，现在已经找不到作坊的任何痕迹。而真正让酒坊沟闻名滇川、震惊史学界的，则是在20世纪80年代末，这里修建绥江港进港公路时，大量秦汉文物的出现。

1987年7月的一天，历史注定要在这一刻揭示尘封两千多年的瑰宝。清晨，民工周远清像往常一样开挖公路土方。突然，听见"当"的一声，锄头挖在金属硬件上，民工们刨开一看，却是一个破烂的铜罐，于是，聚在一起等着看稀奇的民工们"哟嗬"一声四散而去。不久，这里又陆续挖出了一些刀刀枪枪的破铜烂铁，像古代兵器和钱币一样的东西。这些瑰宝的现世，就这么与人们擦肩而过，只不过多了一道茶余饭后的闲题。当然它们的结局免不了被当成小儿的玩具，或者进了废品收购站。

消息传到时任绥江港建设指挥部指挥长刘明清先生那里，凭着对家乡的满腔热血和对历史执着的探求，他断定一个足以改变绥江历史的时刻即将到来。他抑制住内心的激动，匆忙赶到现场，召集民工做思想工作，让他们交回带走的铜器，同时立即将消息报告文化馆，追回了存放在废品收购站里的青铜器，他还亲手将铜罐抱出。在他的努力下，所有出土的青铜器、陶器、钱币等都收到文物管理部门，得到了妥善的保管。此后，他又多次与文化馆一道向有关部门反映情况，并引起了省、地、县文物部门的重视，先后有原昭通地区文管所、省博物馆专家到现场进行考证，省文物考古研究所对出土文物进行了级别鉴定。

经专家鉴定：酒坊沟出土文物，为战国至东汉时期具有巴蜀特征的器具。包括青铜器和陶器共37件，属国家三级文物2件。另有鍪2件、甑1件、钺1件。钱币类包括"半两""五铢"两类，其中半两13枚、五铢9枚。陶器2件，即罐、鬲各一件。

国家三级文物是：青铜剑一，有较明显的格，剑身两面起脊，断面呈菱形，两面各饰蛇形纹两条。剑格附近有"巴蜀图语"符号，通长54厘米。青铜剑二，无格，通体呈柳叶形，剑身两面起脊，断面为菱形，茎上有两个穿孔，通长50厘米。

那把刻着巴蜀图语剑的主人是谁？直到今天，还没有对剑主身

份给出定案,神秘的剑,莫测的图纹,平添这片人居之奇异。在巴蜀及其周边地区出土的战国至西汉初的铜兵器、铜乐器、铜玺印等器物上,发现了一些图案文字,专家称之为"巴蜀图语"。酒坊沟遗址出土的这柄青铜剑,剑格上刻有弯曲的手掌与带尾尖桃形的图纹组合,正是巴蜀图语的典型图案——心手文。其准确释读是"巴掌",带尾尖桃型图案,是抽象了的蛇头。《山海经·海内南经》载:"巴蛇食象,三岁而出其骨。"蛇是巴人的图腾,"巴掌"是巴人的族徽。"巴掌"崇拜的古风,在绥江至今依旧能够寻到,乡下人家遇到五畜不宁,即用"巴掌"沾上石灰,念念有词,拍在畜厩墙上,以驱鬼除瘟。从文字学的角度,巴蜀图语在中华民族文字起源中,有着举足

酒坊沟秦汉墓葬出土的青铜剑

酒坊沟秦汉墓葬出土的青铜器

轻重的地位，与仙居蝌蚪文一样完全没有被破解，此剑图纹因此具有较高的历史价值和文字学价值。

如此精美的青铜器到底是什么原因遗存的，出土文物涉及货币、兵器、生活用品等种类，它记载着什么历史信息呢？省内外专家做过种种推测：是墓葬吗？为什么文物的历史跨度这么大，战国至东汉？为什么没有发现墓葬的痕迹？是王公贵族避祸逃亡吗？来这个地方做什么？遇何不测？为什么没有留下一点生活过的信息？是军队探路留下的营盘吗？是什么原因使驻扎在此的军人，一夜之

间丢盔弃甲而去？是兵船沉没吗？为什么文物高出江面三四十米？为什么这么多的器物，团团聚在这方圆不到百米的地方？这一切都给史学家提出了更多的疑问，这就使得酒坊沟遗址更加扑朔迷离。

酒坊沟，一条曾经美酒飘香的小溪，却因历史的邂逅而令无数史家学者尽折腰。

新滩后坡岩画摩崖

　　700年前，低沉、雄浑的牛角号声，划破黎明前的漆黑，从新滩镇后坡村升起，闷闷地回响在金河峡谷。

　　寨子里的马湖蛮头人，奕姆索嘎站在村前的大石梁上，面向金沙江，头上的天菩萨犹如刚刺穿敌酋胸膛的长矛，威风凛凛。寨子里的所有人聚在他身后，牛角号再次吹响，老毕摩在石梁顶端虎伏羲前，虔诚地化帛焚香。这个椭圆形石蛋直径约70厘米至80厘米，阴刻虎头人和日月同体的图案，这是他们的崇拜神虎伏羲，周围许

多"目"字形图案,那代表的是历代头人。随着老毕摩口中的念词,头人带着他的族人和部族在神灵前齐刷刷跪下,禀告天地,禀告祖宗,今天,他们将打开部族史上新的一页:举族迁徙。头人掷地有声地说下这个决定时,一轮红日喷薄而出。

奕姆索嘎部族在此居住,已有数千年的历史。上古时代氐羌南迁的一部分沿岷江而下,聚居于金沙江两岸,形成早期的民族"僰人",此后蜀人也繁衍至此,秦开五尺道,汉代汉人移民,逐渐形成了一个新的民族——马湖蛮。奕姆索嘎部族就

❶ 造像摩崖
❷ 新滩后坡古彝文石刻局部

❶ 绥江县文化部门进行拓片保护

❷ 古彝文石刻局部

是马湖蛮里的一支，十分富有，拥有众多部落。

奕姆索嘎部族，把这个视野开阔、坡度为45°的大石板，作为观察天象和祭祀的场所，祈祷风调雨顺、幸福安康。部族的人们在石头上刻下重大事件、活动内容等。在虎伏羲石刻下30米左右的石梁上，是一片长6米、宽2米的阴刻文字和图纹造型摩崖，残存文字百余个，图纹十余个，在周围也零散刻着一些文字和图案。在文字中大多数看似汉字却非汉字，无法识读，有的是线条式的象形描摹，有的似早期彝文，有的则是能识读的现代彝文。在图形描摹中有水波纹饰、男女眼睛图、男女人象形图案等。这些摩崖线条古朴大方、结构严谨。

2004年，赵旭良先生邀请当代老毕摩，对石刻进行了部分解读。无法解读的文字约12平方米，有100多个，有的像田字却又多一点，有的像土字，还有的像王字等，粗看似乎全部为汉字，但细看却都不能真正解读。这些摩崖具有彝汉文化交融的特征，既有早期汉字特征，又有古彝文特征。这正是马湖蛮在和汉族交往过程中，不断受到影响的证据。

新滩古代岩画、文字摩崖的发现，对研究金沙江流域古代彝、汉历史文化具有重要意义，并引起了省、市文物管理部门的重视，现已列为昭通市重点文物保护单位。

博弈马湖江：从诸葛南征到改土归流

> 新石器时代以后，南岸沉寂了，绥江沉寂了。诸葛亮呼风唤雨，数万人马喧嚣过境，似乎也只是匆匆过客，未能唤醒她。横扫亚欧大陆的蒙古铁骑，弃马换船，"跨革囊"浮江而渡，与世居绥江一带的土著，开始了数十年对马湖江管辖权的争夺。反复的归顺与反叛，唐、宋、元、明、清，中央与地方你来我往的拉锯战一再上演。"神仙打架，凡人遭殃。"受苦的是小老百姓，阻碍的是地方经济发展。时间流淌到大清雍正时期，"四阿哥"胤禛采取铁血手段改土归流，分分合合的历史告一段落，绥江方才以副官村的名义脱离四川的庇护，投入云南的怀抱。

诸葛亮与孟获的争斗与握手

诸葛亮大概是最早涉足绥江的名人。

公元225年春，蜀国都城成都，旌旗猎猎，鼓角声声，44岁的丞相诸葛亮羽扇纶巾，誓师亲征南中，后主刘禅率朝中文武，于郊外为之饯行。

战马嘶鸣，三军雷动，丞相义无反顾地出发了。他身披鹤氅，直挂云帆济沧海，岷江的湍流上扬起片片风帆。诸葛大军倚着船舷，春天的江岸，山花烂漫，鸟鸣清脆。那花可是杜鹃花，那鸟可是杜鹃鸟？足智多谋的孔明先生，你为何缄默不语，是在为那个可怜的朱提人杜宇化禽啼血，"年年来叫桃花月，似向春风诉国亡"而感伤吗？还是在为李冰父子建都江堰，而视以同怀？

抵僰道（今宜宾）后，诸葛亮遣老将军马忠，率东路军入牂牁平定朱褒，令庲降都督（驻今毕节）李恢就地组成中路军入益州郡对付雍闿。西路为主力，诸葛亮亲率"自安上（今屏山县新市镇）

由水路入越嶲"。

　　由是,诸葛亮进入绥屏地区。长久以来,史学家忽略了一个问题:为何要在安上停顿?拨开迷雾,掀掉面纱,石破天惊,这里竟隐藏着一场前线决策!高定据地称王后,新太守龚禄无法赴任,只能在八百里外的安上县,遥领越嶲。诸葛亮的停留正是为了与他会谈,询问情况。可惜,"安上对策"的内容没有任何记载,灯影、私语、杯盏,摇曳成种种猜测。不仅如此,整个五月渡泸前的具体活动,所有的史籍均语焉不详。留给我们的只是一个个绵延至今的传说。故老相传,越传越多,越传越神奇,紫气腾腾下的诸葛亮成了智慧的化身、神异的典型。

孟获塑像　　据说,船队行至今绥江城江面时,遭到夷民的袭击,鏖战

诸葛亮

一番，难退夷兵。诸葛亮便派士兵趁黑在双河的山上挖一个大洞，将硕大的铁箭放入，第二天告诉夷民为丞相在船上所射。众夷前往观之，但见矢大如簸箕，吓得面如土色，立即归顺，大军得以过境。或云夷民闻风丧胆，早已躲进那一座座遗存至今的深箐。

传说中的诸葛亮可以射箭，可以骑马，还自己挑担，细细品味，忍俊不禁。铜厂村干河沟两侧的蒋家沟和向阳坝，分别有两块方石，被附会为诸葛亮挑着担子，扁担不堪重负，嘎吱断了，气极，怒发冲冠将扁担随手一扔，就扔过金沙江，扔到黄琅海子边，成为今天的扁担岩，担子则落地成石。从两块石头的位置来看，诸葛亮应该是一个和夸父一样身高腿长的人，中村脚板岩那大足印可为佐证。而且，诸葛亮可以一脚跨过金沙江，在安上登陆后追逐夷人的他，看见南岸有敌情，情急之下一步跨了过来，于是在石梁子处两岸各留下一个足印，大概用力不均，险些没站稳，赶快用手去扶了一下，便又留下了一块锭子（拳头）石。

诸葛亮在绥屏两岸东奔西走的同时，雍闿、孟获渡江北上，与高定合力布防。一山难容二虎，高定借故杀了雍闿，高雍联盟产生分裂，诸葛亮趁势攻灭高定守军于卑水（今昭觉），并"五月渡泸"，将孟获夷军追回老巢，又采取"七擒七纵"的攻心策略，使孟获诚心归顺："公，天威也，无所不摧，南人不复反矣。"不久，三路大军会师滇池，南中宣告平定，历时不及半年。

诸多传说正是人们对史学家记述南征，过于粗略而不满的表现，一部《三国演义》顺应人民对诸葛亮的敬仰之情，将之发挥到四万余字的篇幅。在这艺术化的诸葛南征中，诸葛亮玄之又玄，孟获则愚鲁至极，以致今天昭鲁一带将孟姓讳称为"混"。其实不然，出兵前孟获那段官府逼交乌狗、螨脑、斫木的欺骗性演说足见其智谋。《三国志·诸葛亮传》注引《汉晋春秋》记载，诸葛亮"闻孟获者，为夷汉所服，募生致之"，能为夷汉共服，并使诸葛亮在战前就动生擒之心的人，必定非同一般。再者，平定南中后，孟获被任命为御史中丞，相当于今之中纪委书记，这是从古至今，我们昭通人乃至云南人所任的最高官职，一个"南蛮"是不可能胜任的。

距绥江城几十公里的马湖（黄琅海子）地区的传说及湖中的孟获殿可作最好的注脚。马湖是我国已知的第三深水湖，7.32平方公里的水域中有一小岛名大海包，亦名金龟山，岛上有寺。寺名海龙，没有青灯古佛，却不失奇绝之处，那就是寺中的孟获殿，昔称蛮王殿，殿内供奉着孟获及其弟孟优（即传说中指示解泉者）、大将摩铁的塑像，为全国绝无仅有，也是彝族地区唯一的一座孟获庙宇。马湖是诸葛亮首战孟获之地，大陷槽、双陷坑、水消坑、干消坑、扁担岩、双奶包、倒马坎、孔明堡、孔明碑、打卦石、龙湖雄关、卸甲坡等处的传说均与二人有关，而此地的诸葛亮虽然还是神异，却屡遭挫折，挑土扁担断，骑马马失蹄，激战三年，难分胜负，遂于中秋夜在双奶包上握手言欢，猜酒划拳，化干戈为玉帛。

孔明石

一千七百年后，这种友善的氛围，早已凝固成我们的民族精神。无论是正史中孟获的诚心降服，还是传说中双方的和平谈判，均折射出中华文明的中道品性。朗然呈现在今人面前的，是绥屏人包白头帕为诸葛亮吊孝的传统头饰，是马湖江人在孟获泥塑前深情地鞠躬。当全世界坐在电视机前欣赏"山姆大叔"表演战争艺术时，诸葛亮和孟获已在中国人的精神家园里携手徜徉。

从"元跨革囊"到"改土归流"的拉锯

诸葛亮平定南中后，南中成为"纲纪粗定，夷汉初安"的自治地区。蜀汉政权在金沙江下游设马湖县、潜街县以羁縻马湖地区，那些汉代迁入的"大姓"逐渐夷化，一个糅合了僰人、蜀人基因而形成的民族——马湖蛮逐渐崛起。

马湖，发端于今雷波马湖，鼎盛时大致包括今绥江、屏山、水

马湖路总管府遗址出土的官印

富、沐川、马边、雷波全部和永善、盐津部分地区，以绥江、屏山为核心区，金沙江雷波以下被称为马湖江。《旧唐书·地理》载："马湖有董蛮董春乌部。"唐长庆年间在安边置马湖镇，乾符二年（875年），剑南道西川节度使高骈，追击来犯之南诏军队，将马湖镇移至屏山新安并筑城，号平夷军。《宋史·叙州三路蛮》："宋初有董春献贡马，自称马湖路三十七部落王子。"

　　1235年，宋蒙战争全面爆发，到1279年崖山之战宋朝覆灭，延续近半个世纪。四川地区是三大战区之一，是持续时间最长、牺牲最大、战果最显著的地区。东有被西方誉为"让上帝鞭折断"的钓鱼城之战，西有"镇西之根本"的嘉定、马湖江之战。宝祐六年（1258年），蒙哥派兀良合台自乌蒙入滇，与宋叙州守将张实三万大军，战于马湖江口，夺船两百艘于马湖江，斩获不可胜计。宝祐六年秋，蒙哥亲率的征蜀大军进至汉中，在成都的纽璘，奉命抢占马湖江口重镇叙州，以便顺流进攻重庆，封锁下游江面，阻绝南宋增援部队。纽璘自率

马湖路总管府筑路摩崖内容：府官安□，洪武辛巳年，凿石重开此路记耳

15000 蒙汉军，战舰 200 艘，以宋降将张威所部 500 人为先锋，行至叙州，又遭到张实的阻击。为迎战纽璘军，张实先以战舰 500 艘封锁江面，"连舰绝江不得进"。纽璘军以 70 艘战舰突破宋军水上防线，一举深入两江交汇的三角地带，同宋军在陆地上作战。宋军腹背受敌，被蒙古军分割包围，忽都、步鲁合答领兵屏山、老君山击败叙州兵，取得决定性胜利，张实兵败被俘。宋理宗对此连连惊叹："蜀中有警，皆因马湖江不能设备，纵其偷渡。"马湖江之战，显示了蒙古舟师的实力，实现了蒙哥封锁长江下游江面，阻绝宋军增援的战略意图，从此蒙古水军沿长江直下临安，实现了对南宋王朝的封锁，并最终灭掉宋朝。

这里，昝万寿是一个绕不开的人物。景定二年（1261 年），他出任嘉定知府，以此为据点，12 年间，屡次主动出击，给予蒙古军队重创，甚至差一点收复成都。1274 年 11 月，汪德臣、昝万寿

马湖路总管府知府安鳌石刻雕像

在嘉定展开决战,鏖战4个月,宋军大败,昝万寿率三龟、九顶、紫云诸城降。汪良臣等乘胜沿沱江、岷江、马湖江顺流而下,沿江诸城守将不战而降。

昝万寿降元后,忽必烈赐新名为昝顺,以表彰他顺应时势,做大元的顺民。元朝任命昝万寿,不,昝顺为蛮夷部宣抚司,招抚川南少数民族。第二年,即至元十三年(1276年),因抵抗蒙古大军有功,而被宋度宗诏赏的马湖蛮主汝作内附,朝廷"立总管府,迁于夷部溪口,濒马湖之南岸创府治"(《元史·地理志》)。绥江南岸走出了襁褓期,首次见诸史籍,登台亮相,就气势夺人,作为路治所在,泥溪、平夷、蛮夷、夷都、沐川、雷坡六长官司众星拱月般围着她。

总管府设置前,南岸这个地方"地无城邑,居民散居",设治后,即进行"开塞通道,修筑城池",使这里成为扼大

凉山之门户，又便于与嘉州、叙州联系的"夷疆要缺"。马湖官道即开凿于此时，绥江已知有确切纪年的最早石刻——马湖府筑路摩崖，可据为佐证。摩崖石刻发现于南岸镇南岸村楠竹林沟右壁崖框顶部，石质为粗麻黄砂石，阴刻，周围加以线条，刻文4行16个字："府官安□（缺字当为'本'）/洪武辛巳年/凿石重开/此路记耳。"既是"重开此路"，则可以推断前代已开凿。

短短24年后，大德四年（1300年），马湖蛮起事，总管府受到威胁，治所迁到境内泥溪（今屏山锦屏镇万涡村），南岸结束了她的职守。卸任的南岸，日渐消瘦，匆匆过明跨清历民国，昔日的经边重镇，让风起云涌的时世磨砺得几乎不留痕迹。留给我们的只是一处近于被忘却的废墟。废墟是荒凉与孤寂的，踏着残存的基石，环顾后起的古石桥和大桥别墅，生发一番感慨，封建国家大一统的威严，土酋文明旅途的艰难跋涉，如同那滔滔金河水，逝者如斯。

明太祖洪武四年（1371年），马湖总管府土官安济遣子安仁归附明中央，遂改设马湖府，以安氏世

马湖路总管府衙署遗址壁画

马湖路总管府衙署建筑遗存

袭知府，八传至安鳌，因暴虐成性、荒淫无道，终至叛乱。安鳌是绥屏一带"有口皆碑"的恶徒，正史中残忍虐民的酷吏。用以佐证的民间传说，犹如沙滩布满马湖江两岸，诸如初夜权、荷土凿月池、挖地脉、竹节骑兵、投江羽化等等。传说昭示着罪恶，而罪恶的尽头便是明孝宗弘治八年（1495年）安鳌伏诛。次年，安鳌之乱彻底平息，马湖府改土归流。

我曾对安鳌的罪名深信不疑，2002年元旦，我在屏山清凉寺内的《重修天宝寺记碑》上，隐隐约约读到了另一个安鳌。于是，我开始对安鳌做另类研究，大体勾画出一个另类安鳌：明成化六年（1470年）代行父职，大概五年后正式承袭。成化十二年（1476年）在所属泥溪长官司建私邸为治，

2012年4月云南省文物考古研究所对马马湖路总管府古城遗址进行考古发掘

开始营建府衙、仓廒、庙宇，大力推行儒学，筑书楼，购经书，修建珍珠坝月儿池。成化二十二年（1486年），朱元璋陵殿被火灾吞没，朝廷派专人到马湖取长十五丈、围三丈、重数万钧的大木，命安鳌承办。安鳌速遣人潜入深山老林上百里寻得三株，伐林为栈，跨涧为梁，经马湖江—长江漂至南京，前后用时不及一年。弘治七年（1494年），这位康顺大夫，公开"不守法度"。翌年，巡检御史张鸾奏其有罪，诏准被诛。再过一年，首任流官知府程春震到任。这样看来，日益坐大、反改土归流才是安鳌命归黄泉的根本原因。

1496年马湖府的改土归流，革除的只是土知府，其下的四个长官司正副长官、巡检依旧世袭。朝廷与之维系的不过是三年一次的纳贡，四司正长官各供马两匹，副长官各一匹，巡检一匹。明

代绥江境内分属平夷、蛮夷、泥溪长官司,洪武二十六年(1393年)授王胜为平夷司副长官、二十七年(1394年)吕从禄袭蛮夷司副长官、正统九年(1444年)设悔泥溪巡检、成化十七年(1481年)在今石龙殿设宁戎巡检司。虽然这四个官职仍是土官,但其属吏均由流官充任。设在今会仪的悔泥溪巡检司颇具戏剧色彩,《明英宗实录》卷一百十九:"正统九年闰七月癸巳……设四川马湖府悔泥溪巡检司,从泥溪长官司长官王嵩奏:其地多强贼也。"不到三年,废除该巡检,卷一百四十九:"正统十二年二月辛丑……先是四川马湖府泥溪长官司长官王嵩奏强贼行劫为民人王弼捕获,乞于悔泥溪设巡检司,以弼为巡检,从之,至是,本府通事何良等奏,悔泥溪非关隘之处,弼乃嵩之弟,嵩朦胧奏请,冒受官职。下巡按御史等官会勘,如良等所奏,命革去巡检司,执嵩等治之。"王嵩荫蔽其弟王弼的行为东窗事发,巡检司也被裁撤。这是中央政权和土官们的又一次博弈。

花县分符设副官

> 绥江有人居史3500年,境内多处发现新石器时代遗迹。千百年来,这里毓秀钟灵、腾蛟起凤,四时风调雨顺,历代人文蔚起。

花县分符设副官,前横金水后层峦。
天生几曲汶溪水,左右平分壮大观。

这是清朝光绪年间客籍塾师刘伯墉先生《副官村竹枝词》中的一首,高度概括了副官村的由来和环境,把依山傍水的俏丽江城凸现在人们眼前。

700年前,这里水清林茂,鱼跃鹰飞,数十户人家日出而作、日落而息,过着渔樵对唱、与世无争的田园生活。后来随着外来人口的增多,此地的街道和建筑逐渐由东向西发展,明清两代先后出现了宝乘寺(明天启五年,即1625年建)、玉皇观、文昌宫(清乾隆八年,即1743年建)、紫灵宫、明心寺、金山寺、东皇殿等一大批具有川滇特色和江南风格的古建筑群,禹帝宫、南华宫、天后宫、万寿宫、黑神庙等各省移民、商贾联络办事的会馆也应时而建。乾嘉年间,商贸发展,居民辐辏,建正街和横街,道光年间修建上下新街及范家岗、孙家岗等街道。咸丰年间,商业空前繁荣,河坝街、神仙街等一百多处铺店应时而兴,饮食、打铁、缫丝、编

平夷副长官司衙署
遗址清代建筑侧门

织等业生意兴隆。陆续修建了南门、西门、汶津门、迎晖门4座城门，略具城池的规模。

清雍正六年（1728年），划"金沙江南岸百四十里"归滇，绥江地域始脱川入滇。将平夷副官村和蛮夷副官村整合为副官村，并于雍正九年（1731年）设副官村巡检署，雍正十年（1732年）再次将屏山县剩余的江南地区划属副官村，改设副官分防。乾隆元年（1736年）设副官分县，设县丞管理，其管辖区域，南至大毛滩河、木杆河，东从横江退至向家坝，西、北界金沙江。宣统元年（1909年），以"靖江"名试办正县，次年核准为"靖江县"，因与江苏省"靖江县"重名，同年更名"绥江县"，沿用至今。据1923年《绥江县地志资料细目》"释名"说："绥江者，因边连蛮地，取绥靖边疆之义。"

雍正九年（1731年），首任副官村巡检朱国瓒，选城内从云梯山一脉相承下来的高岗上建巡检署，次年改巡政厅，乾隆元年（1736年）改建为分县署。从此，这座"衙门"地点作为绥江的行政中心一直存续至2004年10月8日。宣统元年（1909年）筹设正县，省拨库币银三百余两改建为县署。县衙结构不断完善，头门、大堂、二堂、三堂、厢房、花厅、仓库等建筑一应俱全。有

清一代，绥江县衙内共入住过1任巡检，91任县丞，1任知县。民国二年（1913年），改称县知事公署，拆除头门内差房监卡，兴建官训牌坊一座，十八年（1929年）改称县政府，三十五年（1946年）十月建成县内首座具西式风格建筑——志舟（龙云）纪念堂（即后来中共绥江县委办公楼）。民国时期，县府迎来送往17位县知事、代理县知事、11位县长。1949年12月16日，民国末任县长曾道铭宣布起义。1950年7月19日，中国人民解放军接管起义政权，成立县人民政府。1955年11月改称县人民委员会，1968年4月30日改称县革命委员会，1980年6月恢复县人民政府称谓。中华人民共和国成立后至2004年，共有县长、代县长、革委会主任24人在

京铜失事朱朴投江地——大陷槽

此署理民政。院内先后建成东楼、西楼等建筑，与古树交相辉映。

2012年，273年风雨兼程的"县衙"结束了它的历史使命，从容地展示着它所见证的绥江变迁史，静静地聆听绥江前进的足音。

乾隆四十年（1775年），江苏人朱朴出任副官村县丞，兴政之余郊游至白袍殿，伫立溪上，观鱼良久，即兴赋诗："忘言何必知鱼乐，遣兴聊为写我忧。但得个中真意趣，惠施无用向濠求。"忧从何来？当为为政之忧，与屈子、范文正公之忧同一。站在这里，朱朴或许想到了同乡山云"白袍点墨"的典故，三年后的京铜事件便是明证。满载着从黄草坪运抵泸州，转北京铸币的京铜多艘船只在境内大汉漕滩沉没，落实责任制，当由管理大汉漕至屏山新开滩段航务协运官，即副官分县县丞负责，朱朴无力打捞，又不忍摊派给百姓赔偿，投江自尽，以死担责。月黑风高夜、只有门房酣睡的杂役、敲着梆子的更夫，朱朴理了理穿戴整齐的官服，拍拍缀着鹌鹑的补子，悄悄走出分县署，走过衙门口，走过正街，走过横街子，一路回放三年来的一幕幕，从京城到省垣再到副官村途中，自己立下勤政爱民的誓言，在任三年也算兢兢业业、夙夜匪懈，大汉槽滩原本也在乾隆帝规定的失事免责范围内……圣旨金光闪闪，绅民泪眼婆娑，朱朴潸然泪下，踉踉跄跄，奔向钟磺坝，河风吹走了镂花金顶官帽，鹅卵石绊掉了一只皂靴，转身向睡梦中的副官村子民揖别，披一身朝露，义无反顾地跳入奔流的金沙江，只在沙滩上留下了高高低低的一串脚印。

滔滔金河是何等的有幸，在整个王朝已经开始了士与官的分离进程时，一个士人选择了它作为道义的葬所。而朱朴的那些同僚们呢？他们以永善与副官的分界线应是原马湖府与乌蒙府的边界——二十四岗来搪塞，由是大汉漕滩当在永境，理应由永赔偿，要求省宪裁决。连朱朴赴死的慷慨都未能打动的上峰，把满纸无能无赖的公函一把撕碎，不但严令副官村如数赔偿，还非正式地"重岗廿四划边疆"，割出桧溪十属，时任县丞周镒不得不按里派银，大里120两，中里100两，小里50两，15里共计1180两，好几年才赔

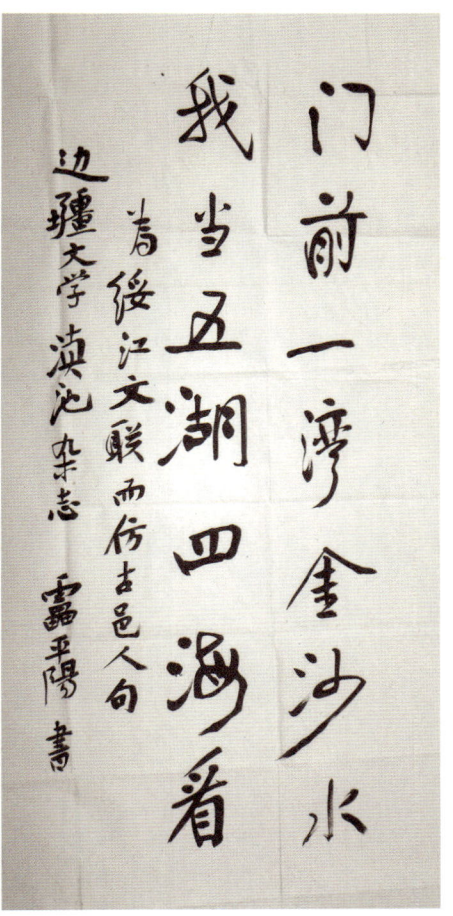

雷平阳书法

清。此后一百六十余年间，执着的绥江士绅不断要求归还桧溪十属，宣统二年（1910年），绥江正式设县，省委划界委员修名传会同永善知县张弼臣、绥江知县熊祖颐踏勘划定永绥边界，消息传来，士绅们笑逐颜开、奔走相告，修名传曾于光绪二十七（1901年）、二十八年（1902年）署理县丞，与地方人士相处甚睦，当无异议，可惜，修氏在莲峰"崴了足"，与中俄帕米尔高原勘界中俄方代表如出一辙。民国三十六年（1947年）三月，省政府第994次会议议决，饬令："绥江之木杆镇完全飞洒大关县境内，应划归大关管辖，其余不复变动。"绥江人沉默了，静得出奇，两年后付梓的《云南省绥江县县志·舆图》全然不顾省民政厅明令删除木杆部分的审查意见，依然将其列入，因为，木杆因桧溪而成飞地。1966年，桧溪十属大部分重归绥江，1968年，在经历了一次"武斗"后再次划回永善。此去经年，另一桩争议属地，那位被逼在铜锣坝代管协议上签字的本籍官员，以及另一位官员勘界时以"回绥江吃饭"，而将其家乡人丢在风中的逸闻，成为绥江人茶余饭后的谈资。庄周、朱朴们所知之鱼乐，惠施无从理解，凌光斗一边观鱼一边抬须低语："此中自有天机在，我欲问鱼鱼不知。"

　　同治年间，会试荐卷者王光煦代表地方士绅上奏朝廷，力陈副官村应升正县，"以重地方、以裨民命事"。他不无自豪地写道："副属十五里，载粮虽不满三百两，而水陆交通，人多生计，承平之日，颇号殷繁，名虽夷疆，并无夷族。每逢岁试，科场获隽多在副官……"1879年，王光煦在家病故，没有等到副官村改正县那天。

　　中国士人担当精神在王光煦身上有着完美体现，

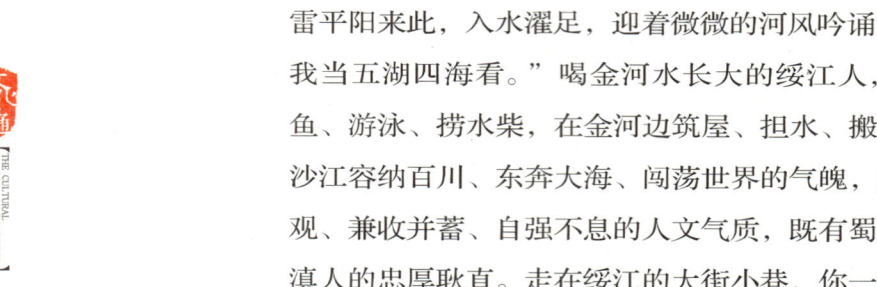

无论在朝在野,永远胸怀天下。恰如绥江人支起窗就可看到的母亲河,这是一条一泻万里、注入东海、汇入太平洋的著名大江。诗人雷平阳来此,入水濯足,迎着微微的河风吟诵:"门前一湾金沙水,我当五湖四海看。"喝金河水长大的绥江人,在金河里行船、捕鱼、游泳、捞水柴,在金河边筑屋、担水、搬九香虫、拣石头。金沙江容纳百川、东奔大海、闯荡世界的气魄,塑造了绥江人悠闲达观、兼收并蓄、自强不息的人文气质,既有蜀人的机灵能干,又有滇人的忠厚耿直。走在绥江的大街小巷,你一定会频频回眸,身材

苗条、肌肤柔美、素雅幽洁的美女和帅气阳刚、短小精悍、活力四射的俊男比比皆是，美不胜收。绥江是养生天堂，外地人到绥江，只要一周的时间，肤色就会白起来。绥江更是养性秘境，当你读到美学家肖鹰，深情回忆在钟碛坝枕着鹅卵石恣意读书的情景时，你一定会生发愿长做绥江人的感慨："我每天傍晚饭后就会手持一册古文或古诗，来到滔滔奔流的江水畔放声诵读，直读到四色瞑合，与天地同醉。"

　　副官村的历史虽已过去，但七百年积蕴、凝聚的文化风韵却浓浓浸染着一代又一代绥江人的灵魂。

二十四岗一角

此心安处是吾乡——跨越两百年的绥江大移民

【五湖四海的移民，经过较长时间的磨合后逐步走向融合，他们把自己从湖广人、闽粤人、江浙人……全变为副官村人，但他们对故土的缅怀而形成的同乡凝聚力却一直延续下来。】

迁入新城以来，每当想起老城风物，总会心热眼湿。

老城有条街叫横街，绥江方言读作"huān gāi zī"，很亲切。横街最早叫中和街，踏着街上那刻下岁月沧桑的石板，轻轻叩开那几扇厚重的宫门，就打开了一段尘封的岁月。手抚门框，转身回望金河，樯帆落处，一群操着南腔北调的下江人的身影清晰起来……

清雍正八年（1730年）二月，福建省汀州府武平县岩前里，一位名叫锺嘉兴的客家青年，叩过祖墓，辞别兄弟妻儿，把故土收进行囊，把乡音挂在嘴角，踌躇满志地踏上入川的道路。锺嘉兴穿过闽西绵延的群山，从羊石隘进入江西，至会昌折而西泛赣江抵赣州，扬舲北行，过吉安临江，寓居南昌一月，泛舟北出湖口达九江。在这里，锺嘉兴第一次看见长江，如此壮阔，吹着江风，可以预知的生活让他兴奋不已。溯江西进黄冈，舟为风浪簸，两昼夜间几次遇险。同舟人劝其返，他笑而不语，继续西行，过武昌、荆州、宜昌，浮过夔门三峡而入蜀。巴蜀的广袤荒凉彻底征服了锺嘉兴，历夔、涪、渝、泸，到达叙州南溪县。居一年，锺嘉兴又出发了，最终把前进的脚步停留在副官村珍珠坝的青山绿水间，寂寥处

阵阵炊烟升起。乾隆二年（1737年），锺嘉兴思乡心切，由故道返闽，居数月，携一子一女回川。"此心安处是吾乡"，融入清代西部大开发洪流的锺嘉兴已不再适应福建故土的生活。如今，他静静地躺在迄今为止绥江，乃至西南地区最典型的客家下山坟里，静看云卷云舒、花开花落。

锺嘉兴是明清时期"湖广填川"浪潮里迁入绥江的汉族人中的一员。夷退汉进，一批批锺嘉兴们走来了，靠山而居，因水而兴，汉族逐渐成为绥江的主体民族。在水之湄，在山之阳，泛起层层涟漪，响起阵阵回声，东西的交流、水陆的交融，孕育了绥江独特的地域文化——副官村文化，铸就了绥江儿女兼收并蓄的文化品质。

副官村文化正是在这种兼收并蓄中成熟的。春秋战国和秦

汉之交时期，甘青高原的氐羌民族集团南下，南方百越民族集团北进，僰人在金沙江流域迁徙，蜀人亡国后也南迁，境内新石器文化和青铜文化，便是他们留下的印迹。精美大气的石室墓，足以让你对绥江厚重的文化底蕴肃然起敬，今天的工匠如果不借助现代工具根本无法企及。

"湖广填川"是一个充满艰辛的过程。离家的路，已是愁绪满怀，新的生活，更是未知。整个长江中上游饱尝战乱，人烟稀少，盗贼虎狼，不知多少老弱病残客死路途，更有甚者，还要隐姓埋

名。绥江中村桩桩印子这个地方，便是一首朱明王朝的绝境悲歌。1644年，明朝覆灭，其宗室南逃，建立南明政权。雍正年间，南明宗分支一百余人为躲避追杀，将"朱"字变体改为李姓，混匿于"湖广填川"移民队伍，进入绥江境内二十四岗深山隐居。咸丰年间，出山的人带进了霍乱，使整个山寨除少数人逃出外，其余全寨覆灭。如今，攀缘进山，砍开荆棘，还能看到碉楼、纸浆槽、泡浆池的断壁残垣，风蚀雨浸，颓然面向苍穹，各类墓葬两百余座，年代越晚越简陋，草草掩埋，在一处房屋遗址的灶台处的那尊遗骨，也许是最后一位逝者，已经没有人来掩埋他了。

五湖四海的移民，经过较长时间的磨合后逐步走向融合，他们把自己从湖广人、闽粤人、江浙人……全变为副官村人，但他们对故土的缅怀而形成的同乡凝聚力却一直延续下来。于

最后的留恋

是，会馆应运而生，以会馆为阵地，以籍地为纽带，移民的原籍文化在绥江再现、融合、发展。绥江会馆文化肇始于明弘治年间，以后，在清乾、嘉、道、咸年间盛极一时，光绪中叶回光返照，辛亥鼎革以来逐渐衰败。横街子，正是绥江会馆的集中地，禹帝宫、万寿宫、天后宫，还有位于其他街道的南华宫、荣禄宫和川主庙。作为近三百年前绥江大移民之见证，它们历经沧桑，在自然侵蚀和人为破坏中，孤独地峭立，无助地抗争，顽强地展现昨日辉煌。

　　300年后，2009年，一度沉寂宁静的绥江，突然喧嚣热闹起来。随着云南建工集团的进驻，随着数万建设大军的涌入，随着向家坝水电站建设进程的不断推进，绥江的移民搬迁工作，终于进入实质性阶段。此后两年多时间里，不管南岸、新滩、会仪镇，还是新县城的建设工地，整天机声隆隆、扬尘滚滚，到处都是车辆穿梭、人影劳作的繁忙景象。这期间，除了建设大军和全体移民，任务最繁重、压力最大的就数全县各单位的移民干部了。这些自身既是移民，又要做移民工作的挂钩干部，晴天一身灰，雨天两脚泥，回单位被领导训斥，下乡受移民谩骂。那种有苦不敢说，顶着压力牺牲自身健康、自身利益，忘我工

移民搬迁

作、无私奉献的高贵品质，在今后的春风秋月中，注定是一轮辉映绥江的朗月，注定是一种激励后人的精神。

一年多时间新建一个县城和三个乡镇，并如期搬迁六万移民、拆除旧城，对绥江来说，既是奇迹，更是凤凰涅槃。新县城崛起后，塔林高耸、车来人往，一派昼夜忙碌的情景。搬家时，广大移民噙泪挥别自明清以来就开创的家园，特别是邻家大娘怀抱祖先牌位和泡菜坛的动人场景，一直鲜活着我的神经。有位诗人说，绥江新县城是老县城的墓碑、墓志铭，未免太消沉，我们的先祖来自远方，我们流淌的血液中早已融入他们"此心安处是吾乡"的基因。

第二章
益寿养颜慢绥江

如果你身心劳顿，这里的山水可以稀释你的疲惫，给你慰藉；如果你分得闲暇，带上你的家人出游，这里的仙境，会记录你的欢声笑语、见证你的逸兴豪情；如果你胸怀壮志，想找一片热土安置你的事业，这里会满腔热情地迎接你……

这里是——绥江！

择斜风细雨之日，从都市的钢筋水泥、人喧车嘶中逃出来，登上一艘慢船，顺流而下或溯游而上，慢慢游赏金沙江大峡谷里的绥江桃花源。这是很多有识之士的举措。

绥江就是一条河，甘愿为鱼儿装上飞翔的翅膀；绥江就是一幅画，静待赏画人撩开她神秘的面纱；绥江就是一支歌，与听歌人心有灵犀、音声相和。你装饰了绥江的风景，绥江风景装饰了你的梦……

数十里风光一幅画

> 太阳出来三丈三，照到云南和四川。
> 云南四川两交界，一条金河在中间。
> ……
> 这首在金沙江下游两岸经久传唱的民歌，唱出了绥江人的"三川半"风韵和金沙江情怀。

绥江，一个从骨子里慢下来的地方

绥，执糸为妥，安而后舒。2012年，国家重点工程向家坝水电站建成蓄水，高峡出平湖，亿万年来桀骜不驯的金沙江水第一次变得平缓温柔，与绥江人平淡达观的性格名实相副。"年年水涨到中秋，半壁烟凝半壁浮。一幅丹青开画卷，霞边城郭水边楼。"先贤刘伯埔曾以《竹枝词》，赞美绥江夏秋季节金沙江涨水期间的美景。如今，泛舟"金沙湖"上，望百里长湖，一湾清泓静静流淌，看两岸青山如黛、繁花似锦，船行其中，身在画里，怎不感念岁月从江河到江湖的演绎？

如果百里澄碧的金沙江长湖，是一块晶莹剔透的翡翠，那么，绥江就是镶嵌在这块翡翠上熠熠生辉的那颗钻石。

鳞次栉比的川南建筑风格的房屋、平坦宽阔的街道、整洁干净的市容、精巧优美的绿化和流光溢彩的万家灯火……让居住其中的人们，生活得惬意而又自豪。

垂钓

初到绥江的人，第一印象是清新。顺着右街沿停靠的车辆，排队等候绿灯的过街行人，干净得没有一片纸屑的街道，街道两旁哨兵似挺立的小树、姹紫嫣红的路边花儿们，以及随处可见的百年古榕……好似到了一个与世无争的世外桃源。

在绥江多待一两天，就会发现她活力休闲的另一张面孔。

不论是晨曦微露的早晨，还是霞光映照的傍晚，在森林公园，在逗号码头，在观景台，在云梯，在钓鱼台……白发苍苍的老者，活力四射的青年，有的在练刚柔相济的太极拳，有的手脚并用在跳健身祛病的佳木斯，有的步履匆匆、大汗淋漓，在快走，在登高……

因水电移民而涅槃重生的靓丽江城——绥江，一如哺育她的这湾江水——悠闲自在而又不失活力，平缓沉雄而又自信满满。

承泽于水的绥江人禀赋"上善若水，厚德载物"的理念，描绘着一幅人与自然和谐相处的美好图画。而究其实，绥江是

天地神韵

① 森林公园
② 森林公园太极拳表演

一个从骨子里慢下来的地方。

你可以在逗号码头体会到这种骨子里的慢。

顾名思义，"逗号码头"形似逗号，由绥江民众集体命名。单是这个诙谐的名称，你就可以想象绥江人骨子里那种走走停停、东望望西看看、悠闲自在的生活情态。孩子在家长的陪伴下，买一只鱼或蝴蝶风筝，放线，慢跑，看它摇摇晃晃上升，汇入风筝的海洋。也有鹤发童颜的老人，甚或年轻的情侣，静坐江边石阶之上，无所用心地望着官斗山的夕阳余晖，给头顶的晚霞涂抹上最后一抹亮色，任凭江面清凉的晚风，轻抚岸边低垂的柳丝，聆听脚下水与岸的窃窃私语……

要体味绥江骨子里的慢，须得蹲一蹲绥江茶馆。绥江人有喝早茶的习惯，起床洗漱毕，送完孩子买完菜，先到茶馆里喝一开早茶，吃碗米线面条或豆浆油条，唠唠家国天下，再慢慢悠悠回家去。古榕下，石凳旁，人们泡一杯清茶，三四人围坐一桌，玩印有梁山好汉或者杨家将影像的川牌。绥江人仿佛总是有足够多的时间，足够慢下来的心态，蹲在茶馆里，一杯露珠或毛峰，一副扑克或者川牌，甚至只是三五个朋友闲聊，就可消磨一天半天的时间。

绥江还有一种骨子里的慢：垂钓。大、小汶溪两岸，巴掌大小能摆放一个便携式小凳的地方，就是一个垂钓位置。每日早晚，垂钓者们携钓竿、诱饵，寻一钓位，穿饵，置吊绳于水中，凝神静坐，待鱼儿拨弄诱饵、啃啮、上钩，果断甩竿，"啪"一声，一尾黄辣丁、细鲢鱼、甲壳鱼便收入囊中。拿回家熬汤，或寻一渔庄烹煮。半天垂钓下来，傍晚收竿时，你就可以享用一锅美味河鲜。在绥江，钓友们常将钓来的鱼儿，剖腹清理干净后装于小袋，送给亲朋好友熬汤，奉高堂、伺小儿。

当然，你还可以从那一拨拨比画着白鹤亮翅、野马分鬃、怀中抱月的太极拳习练者那里，欣赏到绥江人骨子里的慢；还可以从两人、四人共骑的自行车骑行里，体验到绥江人骨子里的慢；还可以置身于小游艇上，任其漂浮于湖面之上，不问方向，不理速度，在不管今夕何夕的休憩里，慢慢领悟这种骨子里的慢……

绥江，就是一个从骨子里慢下来的地方。

一城环抱两溪烟——双汶合秀

五百年定有王者生，方寸地但求灵根净。古往今来，但凡两水交汇的地方，都有平畴沃野，都有城郭楼台，都有高人雅士。人杰必须地灵，地灵必然人杰。

绥江县城，左边是发源于罗汉坪原始森林的大汶溪，右边是发源于香炉山麓的小汶溪，古称双汶合秀。双汶合秀一词，最早见于

太极对练

森林公园一角

凌光斗的诗《双汶合秀》:"一村遥接两溪烟,岸夹沙洲接大川。波浪直趋江汉下,光辉遥射斗牛边。无须清浊分泾渭,何异东西入涧瀍。悟得源头分左右,此中深造自怡然。"

凌光斗认为,古老的副官村,既然承接了大小汶溪的花雨竹烟,而且又吞雪山之浪,吐金沙之潮,那么这个地方的有识之士,就能扬帆竞渡,驾扁舟直达江汉。这方水土的灵光就能直冲霄汉,令斗、牛二星黯然失色。如果阅尽人情、磨穿世事,悟透阴阳变化之玄机,不管在这里做官、做生意,还是做文章,都能超凡腾达、一飞冲天,都能成为后人顶礼膜拜的楷模。

钟灵毓秀之地,必是凤舞龙翔之所。由于有人梦见凤凰在凤池中洗澡,为了让这对凤凰永远住在凤池坝,黄氏族人不惜花重金,从宜宾运来六根十余米长的石柱,分别立在山顶、山腰和山脚,并取名上望柱、中望柱和下望柱,希望凤凰能感其诚,就此打住。

人文荟萃的地方,历来都是风水师们关注的焦点。绥江老县城前有龙池墨砚,后有演武教场,左有官斗屏风,右有华峰秀笔,再加上背靠云梯山、面临金沙江,大小汶溪流左右,高低山脉走西东,历来都是三教九流心驰神往的圣地乐园。龙池墨砚指

南华宫（老城绥江一中）下面的天然大水塘，即放生池。文林郎凌光斗曾有词清句丽的《放生池碑记》相颂。演武教场指后坝口数千亩良田大坝。据老一辈人说，相传以前有许多风水师，为了给自己寻一块藏风聚水的龙穴，从永善五莲峰顶一脉脉梳理、一穴穴辨认，最后排除假象干扰，去伪存真，步行数月撵到绥江时，其看中的宝穴不是被县衙所占，就是那地方早已建了道观和寺庙。

绥江老县城以前有迎晖门、西门、南门和汶津门四座城门。城内有雕窗画壁、歇山斗拱建筑风格的六宫、八庙、五寺、四楼。文昌宫、禹王宫、南华宫、天后宫、万寿宫和紫灵宫，先是各地移民商讨大事、拜祭神灵和祖先的会馆，后来成了三教合一，以及荆楚文化、滇川文化和夷文化相互交融之所。宝乘寺、明心寺、兴隆寺建于元明时期，先为道

观，后佛教盛行改为寺庙。只有城西的玉皇观，一直道法自然，三生万物，历经五百多年的沧桑，一直以圣贤的风度、智者的情怀，无声地向绥江人传授着大爱无疆、大道无形的妙理玄机。

好山水必须有好人文衬托，一个地方的独特魅力，除了环境和建筑，最主要的因素还是文化。绥江自有文庙以来，由于历届县丞敬重文人，尊师重教，加之民风淳朴、环境幽雅，所以历来人才辈出。不但有张道经、凌邦靖、黄堃高中进士，凌光斗、王光煦、吴德昭等35人考中举人，而且近代以来，还走出去了中央美术学院教授尹戎生，中国人民解放军四川军区原副司令员尹健、新三军中将军长杨宏光、朱德元帅的同窗好友谭善洋，以及原昆明市市长曾恕怀等叱咤风云的著名人物。"我是文人非乱捧，

双汶合秀

真山真水在绥江。"中国楹联学会原常务理事白启寰先生一语中的,双汶合秀的绥江的确青山耸翠、碧水涟漪,的确能让高人韵士诗兴大发。

山河需要文人捧,文人是一个地方的灵魂,某些场合可以没有文人,但一座城市却万万不能缺少文人。没有文人的清贫与艰守,一个地方的人文就没有风骨和气节;没有深厚的文化积累,一座城市就没有灵魂和根须。自花县分符以来,自凌光斗、刘伯墉诸先贤之后,双汶合秀这个饱含文化元素的景点,不但有凌家瑗、锺灵等本地贤达歌咏,而且还让当今许多文坛高手流连忘返、逸兴横飞。

河南戴大海先生的诗句"溪流夹岸双汶秀,花树倾城十里香",把迁建后的绥江新城写得空灵生动。吉林刘大辉先生的诗句"千里灵渠丰禾稻,一天碧水竞龙舟"也十分传神。昆明诗人蒋勇先生过绥

凤池坝一角

境时触景生情，更有"东西雁向沙头落，远近风从水上来"的神来之笔。正如湖南诗人李光前所说："靓丽景连江汉外，雄浑声动蜀滇中。"总之，双汶合秀不但是绥江的风物景点，而且锁钥滇川、横亘今古，以无穷的魅力，时刻吸引着慕名前来的各地游人。

　　有人文风情的地方，必定有许多传奇故事。1862年5月，上江土匪张某奉一女子为帅，自称天仙使者和玉女仙姑，并创立青莲教。6月3日，玉女仙姑等千余人啸聚城南凌悦来家，妄图攻占县城。由于事先得到消息，4日拂晓，这伙邪教徒被官绅率团围剿消灭。

　　1862年，太平天国石达开之部将李伏猷，率千余人攻克绥江城后大肆抢夺烧杀。在团绅刘洪泰溃败，县丞熊先民弃衙逃跑的危急关头，明朝平夷大将军王元寿的后裔王应甲弟兄二人，不畏强暴，勇敢站出来率领民众，与天国兵丁拼命厮杀。由于寡不敌众，王应甲父子及兄弟等数十人，均被乱刀砍杀。临死前，王应甲退进县衙穿上县丞熊先

民的官服，愤骂太平天国兵丁滥杀无辜。由于忌惮王应甲的强悍，兵丁们为了泄恨，一拥而上将其砍得只剩一具骨架。

1930年5月5日，红灯教数百人，在女教主小东家的带领下分两路沿江而上，夹击绥江县城。教徒们身穿红衣服，头缠红头巾，身上挂着红白纸钱，齐声喊着"打不进，杀不进"的口号，气势汹汹地攻进县城，砸开监狱门，放出黄老王一帮悍匪，正在县衙商议下步计划，就被及时赶来的鲁营官兵乱枪打散。

暗淡了刀光剑影，消失了狼迹蛇踪。双汶合秀的绥江城，不论遭遇多少次水淹火烧、兵匪祸害，几百年来，依然保持着秀丽和清纯本质，依然是外地游人魂牵梦绕的"小苏杭"。

❶ 大汶溪一角
❷ 小汶溪风光

坐石包的黄葛树和乱飞红的三角梅

　　最美人间四月天，春风和煦，阳光明媚，雨后的天空湛蓝如洗，清新的空气沁人心脾。
　　一排排卫士般整齐的行道树，一垄垄模子里倒出来的绿化带，

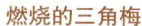

燃烧的三角梅

还有那些修剪成大象、奔马、龙舟等形状的花草树木，美丽着这个城市。这样的绿化让你仿佛置身于北京、上海等任何一个大都市，美则美矣，始终缺少引人注目的独特磁性。

在绥江这个充满现代气息的江边小城，到哪里去寻找那种不一样的视觉感受？

"那不是吗？！"

其实，只要你抬头一望，映入你眼帘的那一团团硕大的深绿色和那一抹抹妖冶的鲜红，不正是你审美疲劳时从天而降的惊喜么？！

那一团团深绿是黄葛树，那一抹抹鲜红是三角梅。园林绥江，满城尽种黄葛树，沿街飞红三角梅。

根据《中国高等植物图鉴》和植物学分类，黄葛树属桑科榕属，落叶乔木，又名大叶榕。《现代汉语词典》"黄葛树"条："落叶乔木，叶子卵形，平滑有光泽，花托球形；木材暗灰色，质地轻软，可以做农具。"黄葛树有一个其他树种都没有的奇妙特性，在什么季节栽种，就会在什么季节落叶，记忆其不可名状的伤痛，记忆其无奈的新生，因而被称为"记忆之树"。绥江新城数百株黄葛树基本上都是从海拔381米以下水库淹没区搬迁种植的，每年四月底五月初，新城同批移植的黄葛树协同一致，在热烈欢快的春光中换上新绿，演奏出一缕淡淡的离愁，帮我们打开移民迁建的记忆之门。

这些"绿色文物"迁徙前，散落于谷底沟沿、坡上坎下、房前屋后，发挥着风景和指路的功能，树荫下常常聚集着三五成群的孩童，一边游戏一边唱着"黄葛树，黄葛桠，黄葛树下是我家"的歌谣。在绥江的风俗里，黄葛树还是保佑孩童健康成长的灵树神树，是五行缺木的小孩子的"树保保"。"拜保保"是古人万物有灵观念的遗存，和认干爹不同，不讲八字属相、姓氏名望，只求生命力旺盛，将小孩拜其名下，以消灾除祸、健康成长。耐瘠薄、寿命长、根深叶茂的黄葛树自然成了绥江人心中的灵物，成了一代又一代绥江人的保保，谁家的孩子体弱多病，就把他的衣服钉在树上，点香插烛，化帛焚书，祈求在它的护佑下，顺顺利利地闯过幼时的几道生死关。或者，谁家的孩子夜啼，便在路边的黄葛树上贴一红纸贴："天皇皇，地皇皇，我家有个夜哭郎。过路君子念一念，一夜睡到大天亮。"

黄葛树下

夫妻树

黄葛树之于绥江，不亚于大槐树之于山西洪洞。每次经过它的绿荫下时，抬头望一望它蜿蜒交错的枝杈、茂密油绿的叶子，油然生发亲切、敬畏之情。每一个绥江人，记忆深处都有一棵属于自己的黄葛树，在红太阳广场、在老政府大院、在南门口、在城隍庙、在玉皇观、在一中校园石壁……它们见证了绥江的两次大移民：湖广填川、库区搬迁。

相传仙人封赠黄葛树坐石包、核桃树挨千刀。黄葛树生存和适应能力特别强，无论多么贫瘠的土地，哪怕是悬崖峭壁，也能落地生根，餐风饮露，傲视苍穹，绝不退缩避让，铁骨铮铮。绥江移民大迁建，黄葛树也随着搬迁，仿佛一夜之间，一株株几十年、几百年的巨大黄葛树，从新县城边坡地角冒了出来。

"那两棵是夫妻树，从我们老家移植来的。"

"这棵是共生树，以前长在我们家屋前的。你看嘛，黄葛树和皂角树你抱着我，我抱着你，风雨与共，生死相依。"

　　刚搬迁进城的移民寻找着陪伴自己成长的黄葛树，见到树仿佛就找到了自己的亲人，就找到了自己的根，就有了精神的寄托。

　　如果说质地坚硬的黄葛树，即使在无土的石包上，也能长出气根发芽生长，最终长成郁郁葱葱的参天大树，象征着绥江人与命运抗争的倔强性格，那么，沿街无处不在、随处可见的那一抹抹鲜得耀眼、红得魅惑的三角梅，则是绥江人性格的另一面——热情、奔放。

　　"含蕊红三叶，临风艳一城。"走在绥江的大街小巷，仿佛置身于绿色的海洋，心旷神怡，绿海中猛然绽放出三角梅的鲜红，则是这海上劈波斩浪的红帆船，热烈而又奔放，夺目而又惊艳。边坡上、大树下、翠竹旁，乃至住家的阳台，这儿一丛，那儿一抹，旮旮旯旯都能瞧见三角梅盛开的身影，像喷射的火焰，像燃烧的晚霞，像青春的旗帜，无拘无束、自由自在地绚烂着整个春天，抢夺着行人的眼球。

　　"看似花花，不是花花；不是花花，看似花花。"三角梅形象地诠释了"似花还似非花"的意韵，那鲜艳似血、热烈如火的红色，并不是三角梅的花，而是花的苞片，真正的花小小巧巧、若隐若现地躲藏在苞片之中。三角梅可谓是植物界最名不副实的花卉了，虽然名字中有个梅字，却不耐寒，在3℃以上才可安全越冬，15℃以上方可开花，喜温暖湿润气候，喜充足光照。

　　毕竟名字中沾了一个梅字，三角梅的生命力倒也有几分坚韧不拔、顽强奋进的精神。三角梅不仅生存适应性强，而且花开周期长，色泽艳丽，气势夺人，在春天的百花园里争奇斗艳，仿佛自由奔放的青年表情，夸张地抒写着对春天和世界的热情拥抱。"千红万紫群芳妒，不是梅花。胜似梅花，遍地欲燃灿若霞。百花零落风霜后，更觉清佳。四季纷华，共与山川作锦葩。"（陈力杰《采桑子·三角梅》）此外，诗

人姚珠江更是将她抬升到国色天香的高度:"万紫千红竞芳菲,花开四季有阿谁;国色天香世人爱,我独赞誉三角梅。"

红太阳广场的特殊移民

"到广场去看毛爷爷啦!"

2015年1月15日,借助大功率吊车,毛主席塑像在绥江新县城人民广场重新站立起来了。绥江人民欢天喜地,奔走相告,扶老携幼,呼朋引伴,喜笑颜开地从各个方向小跑向人民

毛泽东主席像

红太阳广场鸟瞰

广场。也许是历史的巧合吧，80年前的1935年1月15日，毛泽东同志出席遵义会议，被增选为中央政治局常委。会议结束了王明"左"倾冒险主义在中共中央的统治，实际确立了以他为核心的新的中央领导。

在绥江人民的心中，毛主席塑像是一位特殊的移民，六万移民大搬迁，只有毛主席塑像重新站立起来，绥江的移民搬迁才能算圆满完成。

毛主席塑像原位于老县城人民广场内（原名红太阳广场），1969年3月5日动工，同年7月1日竣工，为毛主席站立挥手像。像高5.16米，寓意"5·16通知"；艺演平台至塑像头顶端为12.26米，寓意毛主席诞生于12月26日；基座为3米×3米×3米等边正方体，寓意迎接中共第九次全国代表大会的召开。毛主席塑像由本县艺术工作者完成，雕塑小组成员为段定贤、龚尚茂、杨学诗、吕玉和、李善耘，石膏倒模，角钢浇筑水泥塑成。

绥江人民与主席像有着深厚的感情，当年举全县之力修建红太阳广场。"我都从钟碛坝背过鹅抱儿修广场"是很多绥江人引以为豪的事。主席塑像原基座的水泥标号相当高，而且用到了直径16

新县城人民广场

毫米的钢筋，即使放到今天亦属达标。落成当日，县城居民几乎倾城出动，人山人海，水泄不通，竞相向塑像涌去。党的十一届三中全会后，在全国推倒主席像的浪潮中，曾有连夜炸毁此像的动议，听闻消息的群众自发前往守卫，保住了这尊具有典型的时代特征和较高的艺术价值、后来成为市级文物的雕塑，是全市仅存的三座主席像之一（另两尊在昭阳区和镇雄）。许许多多的绥江儿女都和主席塑像合过影，在他的脚下打篮球、做操、登台演出、领奖、看表演、围观公审公判、打斗、耍朋友、吃洋芋坨坨……在绥江人民眼里，主席塑像就像他本人一样，伟大而又平易近人，他数十年如一日，始终慈爱地注视着绥江人民。他以永恒的姿势站立在人民广场，看天翻地覆，任云卷云舒，始终关注着人民大众的喜怒哀乐，关注着绥江的发展变化。主席像高高地站立在广场上方，微笑着看"孔雀公主"刀美兰在他面前翩翩起舞、看长漂队在他面前做报告、看云怡节上绥江人民的集体狂欢……

"更立西江石壁，截断巫山云雨，高峡出平湖。"1956年6月，毛主席三次畅游长江，以他伟人的雄心、气贯长虹的气魄，规划出建设三峡大坝，改造大自然，让大自然的云雨造福于人民的伟大构想！如今，葛洲坝、三峡大坝、向家坝……一座座人工石壁截断长江、金沙江的巨流，一个个高峡平湖呈现在世人面前，老人家当年的宏伟构想变成了现实。而令人难以置信的是，整整56年后，他远在偏僻的滇东北金沙江畔的塑像，也会因这高峡平湖而搬迁。

2012年9月，老县城人民广场毛主席塑像，随县城搬迁。2015年1月14日，毛主席塑像从沉睡了两年零四个月的活动板房内迁出。13时22分，乐山金口河5级地震，绥江震感明显，老百姓说："老人家醒来，地球也要抖三抖。"

"主席（塑像）是绥江大移民中最后完成搬迁的，他老人家是最特殊的移民，是最伟大的移民！"绥江人如是说。在向外地朋友介绍主席像搬迁重立的过程及故事时，绥江人也爱模仿主席的诗句，自豪地说一句：

"主席像无恙，当惊绥江殊！"

渔村千载话清凉

在县城大汶溪至金沙江的入口处，有一个宁静而古老的渔村，在这里，人们沿袭着依水而生、以渔为养的生活习俗，用勤劳的双手和质朴的品格，建设着自己的美丽家园，将江枫渔火、渔舟晚唱的场景定格在江面，为金沙江畔的绥江增添着历史的古韵。

说起千年渔村，曾流传着这样一个美丽的传说：

千年渔村

相传远古的时候，这里发生了一次大地震，导致地壳下陷，变成了一片汪洋，而钓鱼台就成了汪洋中的一个小岛。周围没有被淹死的村民，因失去了赖以生存的土地便弃农从渔。由于水里有水怪作祟，经常出现船翻人亡的事故。云游到此的姜子牙为救民众于水火之中，便在岛上垂钓，希望能钓到水怪，以解除当地人民的苦难。姜子牙在此钓了三天，终于将一条兴风作浪的独头三尾鱼钓起，并扔到了身边的石头上，摔死了。接着他站起来，双脚一点，纵身飞入云端走了。于是，钓鱼台山顶的石头上至今还留有独头三尾鱼的鱼印和两个硕大的脚印，传说这便是姜子牙当年钓鱼时留下的。由于镇压了龙王，消灭了水怪，渔村年年风调雨顺，湖、广、川、滇等地的人们陆续迁入定居，繁衍子孙，人丁逐步兴旺，如今已经发展成一处周

末度假休闲胜境……

千年渔村民风淳朴，历史悠久。其对岸的白袍殿不仅是绥江最古老的歇山斗拱古建筑之一，而且"白袍鱼跃"还是著名的绥江老八景之一。"万派飞流下碧潭，匡庐瀑布此间看，鱼吹白沫冲波上，未许渔翁整钓竿。"前人的七绝诗，既是渔村秀丽风景的真实写照，又是对其人文历史的倾情诠释。不管在渔村徜徉，还是垂钓，"两岸花开红浪漫，一湾清泓碧涟漪"的秀丽风光，不经意就会触动你的心弦，让你产生"动观流水静观山"的雅趣，从而生出"会当击水三千里"的豪情。

由于渔村百里湖岸这一得天独厚的优势，全国各地垂钓爱好者纷至沓来。2014年，渔村被湖南电视台确定为"快乐垂钓频道CCF指定赛场"和"快乐垂钓指定影视拍摄基地"，并在这里成功举行了"武汉天元杯"快乐垂钓擂台公开赛总决赛。来自云南、贵州、四川、浙江、河北、重庆六省市70支队伍210名"全副武装"的垂钓高手，汇聚绥江千年渔村，在绚烂温馨的金湖上，展开了48小时的垂钓大赛。一把太阳伞，一顶旧毡帽，一条小凳子，一份优雅的闲情，一个孤独的背影，将一个守鱼人的悠闲与安静修饰得淋漓尽致。作为一种与世无争的美丽，垂钓者们自是无须与拥戴、喝彩和功名利禄做伴。他们鱼获满护、自得其乐，从看见那一片山水开始，钓鱼人就忘记了一切，个人已融入天地之间，所有尘世间的烦事，都随着清风消散在烟水里，在一份寂静与远离尘嚣的默然中，适时收获着一份提竿而起的惊喜。

兴许是因了孤僻而安静的性格，茶余饭后，我常常携小儿于渔村休闲漫步。初夏的渔村凉风习习，若隐若现的渔船在江面上闪着萤火微光忽远忽近，似乎每一艘渔船上都载着一个千古传说，每一粒微光里都有一个鲜为人知的故事。漫步在鹅卵石铺就的栈道上，倾听着脚下流水潺潺之声，抚摸着木桥两边古朴而深刻的栅栏，你会感叹于这红尘之外与世无争的幽静之美、朦胧之美、恍若隔世之美。

一路上不时有一些身着休闲服饰，熟悉的、陌生的面孔或谈笑风生，或步履匆匆地从身旁经过。卸下一天的奔波与疲惫，人们似乎已习惯于渔村黄昏中的安宁与祥和，他们三三两两相约至此漫步，洗涤尘世的负累与纤尘。偶尔也会有身着婚纱、手捧鲜花的新人在摄影师的指点下于古桥边、栅栏前摆着千娇百媚的造型，捕捉这水天相接的美感与幸福。不远处，一位白发苍苍的老人推着一辆轮椅悠闲地在前

面走着。轮椅上，一位同样白发苍苍的老奶奶盖着一床薄薄的毯子，神态安详地将目光投向远处的山水，偶尔也回过头来跟身后的老伴比比画画，嘀咕两句。老人躬下身子，用布满皱纹的双手轻轻将老奶奶身上的毯子往上拉了一下，顺势摸了摸老伴花白的头发，然后彼此会心一笑，继续漫步于前方。我被眼前这一温馨的场景深深触动。所谓"相濡以沫，执子之手，与子偕老"，也不过如此吧。

千年渔村的自然美景，吸引了外界关注的目光，越来越多的游客驱车到绥江千年渔村游玩，甚至一些影视片也在此取景。2017年5月5日北京卫视开播的互动体验真人秀，《我想见到你》第一季第一集，出发地就选在千年渔村，让隐藏在金沙江边的绥江，也随着苏有朋、景甜等人的精彩演绎，而在全国观众面前火了一把。

渔村是一部古色古香的书，是一幅浓墨重彩的风情画。走进渔

人鸥同乐

村，五柳先生"土地平旷，屋舍俨然，黄发垂髫，并怡然自乐"的绝句，常常会浮现在脑海，让人顿生豁然开朗、心旷神怡之感，这样的场景会让你在不经意间轻轻驻足，流年忘返于它超然脱俗的悠远之美。

冬季到绥江来看红嘴鸥

"争渡、争渡，惊起一滩鸥鹭。"九百多年前，著名词人李清照出门饮酒，某次曾经沉醉不知归路。误入藕花深处的她，摇着小舟突然惊起一滩洁白的鸥鹭。这一滩鸥鹭，由于沾染了易安居士的墨水，加之采天地精华、钟日月神秀，第二天就结队飞出宋朝，飞出一本本泛黄的线装书，以顽强的生存毅

湖光潋滟鸥鸟飞

力穿越历史，最后竟然在2014年冬季，奇迹般飞到了长湖浩渺、碧波荡漾的绥江。

芦花飘荡时节，来绥江看红嘴鸥，实在是一件赏心悦目、返璞归真的痛快事。小城外，一湖碧水空茫迷蒙。佳丽来回处，笑语有无中，远方竹树交错，近处波光粼粼，整个一幅纤尘不染的仙境。蔚蓝的湖面上，密密麻麻

的红嘴鸥,或振翅翱翔于蓝天,或结队嬉戏于水上,或傻呆呆列队站在岸边,人来不躲,舟去不惊。这种充分释放情绪,真正回归大自然的切身体验,凡是到过绥江的人,都有深刻印象。

红嘴鸥是海鸥中的一种,食小鱼及其他水生物,喜食人们投掷的面包、抛弃的残羹剩饭等,主要生活在沿海附近的悬崖

峭壁上，常成群在海上或内陆江河流域飞翔，随季节变更而迁徙，为冬候鸟，属国家三级保护动物。每年到内陆越冬的红嘴鸥多来自西伯利亚，一般次年3月后飞回原栖居地。

绥江境内原本没有红嘴鸥，只有少量的沙鸥。草枯水竭的冬季，在金沙江和大汶溪两岸的滩涂上，偶尔可见三两只沙鸥低头觅食，孤独落寞的身影，总会让人情不自禁地想起杜老夫子"飘飘何所似，天地一沙鸥"的名句，让原本冷清孤寂的碛坝、沙洲，倍加寂寞冷清。那时，谁会想到绥江竟然也会有群鸥翔长湖、满城尽围观的盛景呢？

2014年10月，大批红嘴鸥飞临绥江县城库区湖面越冬，许多市民和慕名而来的游客纷纷前往喂食、观赏。成群的红嘴鸥在湖面和岸边欢腾雀跃、嬉戏追逐，或如离弦之箭，从空中直矢水面，又似水上芭蕾，翩翩起舞。人与海鸥的和谐美景，给人们带来了无比的欢乐，也给绥江新城带来了勃勃生机，增添了无穷的魅力。

和谐

近几年间，前来绥江越冬的红嘴鸥队伍每年都在壮大，从数十只到上百只到上千只，这群从千里之外的北方飞临绥江的精灵，已经成为山水绥江一道新的亮丽的风景。今年入冬前后，成群结队的红嘴鸥又如约而来，在绥江的青山绿水间，数千只红嘴鸥或翩然飞舞，妙曼嬉戏；或安静地浮游在水面上，特别是在晴朗的冬日，暖暖的阳光洒落两岸的群山，宁静的湖水碧波荡漾，在绥江新城一带的湖面上，红嘴鸥雪白的身影，配上嘴和脚的鲜艳，构成了一幅无与伦比的恬美画卷——绥江人为红嘴鸥创造了越冬的温暖家园，它们也为绥江装点了恬美的风景。

"走，看红嘴鸥去！"

每天下午，人们相约着来到县城龙湖路下面的湖边，与这些远道而来的"红唇少女"们亲密接触。红唇少女们也早已习惯了和人们自在相处，她们大大方方地享受人们喂养的"美食"，欣然地展示它们优美的芳姿。

红嘴鸥身姿健美，目光犀利、敏锐，有灵气，惹人喜爱，是能给人们带来幸福的吉祥鸟。

冬季，请来绥江看红嘴鸥！

心灵的行走——从逗号码头到官斗禅林

❶ 逗号码头
❷ 金沙水岸一角

时下，不管去天涯海角，还是游六朝古都，许多人不是游山玩水看高楼，而是去放牧自己的心情，领略那里的独特文化。因为一切都是过往云烟，一切都是镜花水月，只有文化和自己怡然若仙的感受，才是风平浪静后的真实存留。绥江是西部人居环境最佳的湖滨生态园林城。到了绥江，不想家乡，选择来绥江旅游，既是高人韵士的慧眼，也是这片山水的荣幸。游来忽觉容颜改，始信天堂在此间，这是一个诗人朋友游过绥江后，由衷发出的感慨。

古老的副官村虽然成了水底世界，但其七百多年所积蕴的文化风韵，却浓浓浸染着我们脚下的每寸土地。新县城是一座以人为本、以水为主、依山建城，集休闲、度假、疗养、旅游为一体的湖滨生态园林城，这座城的最大特点就是适宜居住，人与自然和谐发

展。不管是霞边城郭水边楼，还是石上亭台崖上阁，都是随山取势、依水造型，这种建筑，既巧妙填补了自然的缺陷，又赋予其文化风情。新县城的建筑无论大街小巷，抑或湖滨长廊，可以说是处处山水、步步景观，无论从哪个角度看都心旷神怡、飘逸潇洒。漫步在瑞阁琼楼里，既能感受多元文化交融后所形成的独特文化，又能一饱口福、大快朵颐。

绥江城的水，除了长湖竹海里的万顷碧波，还有大、小汶溪的飞瀑流泉。

每年盛夏，是大、小汶溪最美、最具风情的时节。日落西山前，城里的姑娘小伙们，或携琴带酒，或邀朋结伴，纷纷到平湖或深潭里，展示自己柔美细嫩的肌肤、苗条婀娜的身段，以及强健有力的体魄。

远远望去，整个湖面鲜花怒放、五彩缤纷，真切地诠释着妙在花开水面时的绝妙诗意。平时不和的人，在水中相和，素日不融的结，在大自然中相溶。人们在水里相知相恋、相亲相惜，这种超凡拔俗的场面，是何等的逍遥极乐，何等的五行八卦。

在绥江，有条街名叫步行街。其实这不是街，而是新城迁建后的著名景点：金沙水岸，当地人叫它逗号码头。这里翠柳拂堤，清波拍岸，飞阁流丹。在这里，你可以融入当地人中，听他们说唱很地道的绥江方言、原生态的打鼓草山歌，还可以走进露天茶坊，感受这里独特的茶文化。绥江的露天茶坊既毓云南之秀，又钟巴蜀之灵，这里既是谈古论今、吟诗作对，以及说家常、摆龙门阵的最佳场所，又是解决纷争、消除矛盾的绝妙地方。不管是谁，不管双方的火气有多大，只要一坐上茶桌，只要经座中的长者一评理，天大的事立刻化为乌有。

金沙水岸又叫美女街，这条街上不但各种鲜花异彩纷呈，而且美女云集香艳无比。三顿饭之余，八小时以外，美女们不管遇到高兴或者忧伤之事，还是新买了时尚衣裤，大家都要到美女街来秀一把。绥江的美女以肤色、身材以及贤淑高雅的品格见长，她们以花为容，以月为貌，以金玉为质，以诗词为心，艳丽清纯的外表，端庄秀逸的品行，是她们区分外地美女的唯一特征。绥江的妹子，盐津的伙子，这是人们经常挂在嘴边的口头禅。

除了华峰秀笔和双汶合秀，官斗禅林也是绥江最重要、最具特色的景区。迁建后的金山寺以大殿为主，在主轴线上依次设天王殿、大雄宝殿、观音殿、观景塔等仿古建筑，此外，还依据地形高低，形成丰富的立面层次，使整个区域掩映在丛林绿树中，清雅而幽静。

在纷繁的尘世上，在茫茫人海中，我们每个人的心底，或多或少都存在着厌世情怀，都有许多不如意的事务。按佛家的说法，这就是贪嗔痴在作怪，因为世间事如梦幻泡影，只有把一切都看破、放下、觉悟，才能无垢无净、不生不灭。

官斗禅林

　　进入山门，雄伟庄严的大雄宝殿随即展现在面前，这是整个寺院中最大的建筑，其建筑面积为983.32平方米，建筑材料、颜色、斗拱、格门等，均采用传统佛教建筑艺术精髓进行装点。在这里朝圣，首先要无所住，什么是无所住呢，就是随时随地不要把意念放在看得见、说得出的东西上。这个时候，如你把心放在空的境界上，那你错了，如你把心放在光明或气脉上，也错了。应念念皆空，随时丢随时住，物来则应,过去不留。

　　常言说,菩萨在尘世,如来在人间,如果认为念经是佛法,你错了,认为参禅是佛法,你又错了,认为捐钱和烧高香是佛法,你更加错了。佛在哪里,不一定在佛经上或寺庙中,世间法皆是佛法,不可取,不可说,能取能说的,已经不是佛法了。因此,只要护持善念,悲悯众生,我们每一个人都是菩萨,都能成佛。

　　游完大雄宝殿和观音殿后,展示在面前的就是绥江的标志性建筑观

金山寺一角

景塔了。该塔承古典名塔之精华，集中突出高耸空灵、端庄秀美的风韵。其建筑风格为明代的木雕斗拱，盘龙藻井，青砖槛墙，暗红圆柱，栗色门窗以及飞檐翘阁等。

　　登临塔顶，极目远眺，五十里烟波奔来眼底，数百年往事注上心头。此刻，淤积在心中的俗念凡情，萦绕在头顶的烦闷愁苦，都会在梵呗清音的洗礼下随风消逝。此刻，每个放下、看破了的人，都会生出山不言高自极天的豪情。因为在观景的同时，你自己也成了一道装点绥江的绝妙风景。遍野烟霞禅管领，一川风物我主持。与山水为伴，和绥江结缘，只要灵魂在绥江的奇风异俗中淬了火，你的身影就会被长湖竹海永远定格。

烟云深处洗凡尘

绥江水美,除了百里长湖,还有诸多清溪流水。放眼望去,到处都是一幅幅美不胜收的风景画。绥江山美,峰峦连绵,花果飘香。40万亩竹海随风起伏,绿色的涛声荡涤尘埃,鹭鸶、画眉、喜鹊、山鸡、相思鸟在林间穿梭,自在悠闲。来此处兮,早忘却名为何物,登斯亭也,浑不知我是谁人。信步在灵山秀水里,你可以振臂高歌、可以临溪听月,或者,找一个自在的餐馆、鱼庄,享鱼香美味,充分领略古人"采菊东篱下,悠然见南山"的田园雅致。

云上人家夫人坝

夫人坝位于绥江城东20公里处,三面临崖,一面环山,境内多峻岭幽壑、沃野良田。坝上人家全部姓周,且家家习武。由于与其他村寨隔绝,此地自古多为兵匪啸聚之地、江湖纷争之所。夫人坝之得名,有两种来源:

其一,此处原名呼延坝,因呼延氏在此居住而得名。明朝弘治年间,马湖世袭知府安鳌野蛮残暴,既残酷欺压人民,又妄图起兵谋反。为搜集安鳌逆反证据,朝廷派御史张鸾,以选美之名,到马湖府明察暗访。最后,在呼延坝甘膜家族的帮助下,既将夷家美女甘膜阿兰选送京城,又使安鳌于弘治八年(1495年)认罪伏诛。为纪念甘膜阿兰的美艳,人们将呼延坝改名为夫人坝。

其二,明朝芜湖大将军王元寿,率兵至马湖境内平夷之后,又遇张献忠屠川,致使马湖境内的人家十室九空。清朝雍正年间,辰州地区武举人周宗贤因好打抱不平,得罪地痞,为躲避仇家的追

夫人坝风光

杀，以及上司的迫害，周宗贤几经痛苦折磨，最后毅然抛弃功名和家业，带领族人随湖广填川人流，到副官村呼延坝定居。周宗贤的夫人周张氏，知书识礼，貌美贤淑。她一方面勤俭持家，发动族人开荒种地，自耕自足，一方面协助丈夫扶弱济贫，广交朋友。由于操劳过度，张夫人不幸芳年早逝，为缅怀张夫人的功绩，周氏后人遂将呼延坝更名为夫人坝。

由于仰慕周宗贤的为人和武功，此后，夫人坝便成了江湖人物以武会友、了结恩怨的地方。每年清明，三仙山盛大的庙会上，除了经声佛号，就是拳影刀光。众人取长补短、点到为止，既逢恶不怕、遇软不欺，又一语释前嫌，从此结为金兰之交。

三仙山在夫人坝后山，此地悬崖峭壁，非常险要，山腰古道拐弯处，以前有一道石门，此门一关，大干溪下面的人就无法上山。石门上是一个不足十平方米的石板平台，凡到夫人坝挑战的江湖豪杰，都必须面临万丈深渊，在石台上露两手绝技。和周宗贤切磋武功的人，有的是慕名前来，有的是想打败

他夺得江湖第一称号,有的则是替人寻仇。叶广东就是辰州地区一富豪花重金聘请,不远千里前来寻仇的。他和周宗贤大战几天,谁也胜不了谁,最后结为兄弟。为感谢周氏家族收留之恩,叶广东把自己的咏春拳尽数传给周宗贤。周家人学得咏春拳后,如虎添翼,威力和实力大增,一时间轰动金府两河。周家拳经过几代人的继承

夫人坝的春天

和发扬,最后经人称"周千斤"的周学融会贯通,形成了现在的犀牛望月、八步赶蝉以及十步之内取人性命的十步拳。

十步拳适合近战和贴身短打,讲究寸劲,一招得手,后面的杀着绵绵不断。周家拳至今保持着传内不传外、传男不传女的密训,后山正八品修职郎周世其的坟墓,不仅雄浑大气,而且雕刻精美,仔细研读,还能从上面学到一些周家拳的基本招式。

周世其的儿子,就是人称周千斤的武学奇才周学。此人力大无比、行侠仗义,很得四方豪杰尊崇。夫人坝下面的油坊沟,有一尊重达两吨的石猫,周学每次走到油坊沟,都要坐在石猫上休息。如果进城,他就把石猫扳转方向,让其头朝县城,如果回家,他就让石猫的头望着夫人坝,这样,江湖豪杰们便可循着石猫仰望的方

❶ 三仙山一角

❷ 石猫

向，轻松找到周学。周学最后一次搬动石猫，是从县城帮人打抱不平回家。这次回家后，他再也没出过门，至今石猫的头，还痴痴回望着夫人坝，期待主人再一次把它搬动。这就是回望村的来源。

1950年6月18日，中国人民解放军129团、130团、131团各一部入绥剿匪。经过几次打击，陈超残匪莫宗汉部千余人，溃逃到夫人坝聚集，妄图凭借地域优势继续顽抗。6月24日，解放军130团一个连，在张连长的带领下，兵分四路夜袭夫人坝。战斗中，我军击毙匪徒100余名，俘匪40余名，缴获长短枪140支。天亮后，张连长令战士们四处搜索，一边打扫战场，一边安抚当地百姓，一切安排完毕后，才想起三排长李正忠没来报到。刚要出门寻找，就见战士小刘哭着来报，说李排长牺牲了，一行人跟着小刘来到田坎下，果见李排长倒在水田中，手中紧紧抓着冲锋枪，鲜血浸透了的上衣，口袋里还装着老家兄弟写给他的那封信。

而今的夫人坝，经过县上的重点打造，已成为远近闻名的古朴文化风情园。一田田活水，一座座川南建筑风格的民居，一条条硬化过的户间道，让夫人故里更加神秘清幽。仲夏时节到夫人坝小住几日，渐渐成为城里人的一种时尚。不管在竹林里采天地灵气，还是去三仙山钟星月光辉。或者哪里也不去，就在木楼旁架一堆柴火点燃，与生死相依的情人，吃几根亲手烧熟的鲜竹笋，喝几口纯粮酿就的苞谷酒，然后斜倚在梨花树下，慢慢品味主人虎虎生风的周家十步拳，那景致，是何等的超凡拔俗。

夫人坝漾流着千年的桃花水，漾流着豪杰佳人

❶ 清修职郎周世其墓
❷ 李正忠烈士墓

筇林深处

的生动传说,玉之在山,兰之在谷,岁岁深山藏,无人依旧香。亲近夫人坝是仁者的选择;解读夫人坝,需智者的道藏法眼。人云亦云、浮光掠影的品读,难解其中之味;走马观花似的欣赏,难以赏心悦目。周宗贤的侠骨豪情,张夫人的花容月貌,叶广东的肘底惊雷,周千斤的铁腿神拳,以及李正忠烈士的英勇事迹,时刻都以无穷魅力,牵扯着志士们的心魂。

倒写苍天的华峰秀笔

华峰山,又名翠峰山,位于城东小汶溪畔,三峰如笔,秀俏如削,青翠映人眉宇。登高纵目,数十里风光尽收眼底,历来都是文人歌咏、香客朝拜的名山圣地。

华峰山的得名,主要源于山上的寺庙,即华峰大庙。华峰大庙昔日占地十余亩,有两重大殿、东西廊坊、斋堂、放生池等建筑。

华峰山

大庙原名龙华堂，始建于明成化十年（1474年）。当时，马湖府世袭知府安鳌修建老君山宝殿时，忽然看见山下祥云缥缈、山如翠浪、江若飘带，欣喜之余，便令手下在华峰山修建龙华堂。龙华堂坐东向西，前重殿宇为三清道观，后重为三佛祖庙。上盖金碧辉煌的琉璃瓦，内为画栋雕梁，整个建筑歇山斗拱，十分雄伟庄严。由于内供佛道诸神，加之山门有卧式石象和石狮，因而香火兴盛，迅速成为远近闻名、有感则灵的佛道清修圣地。

1495年，淫虐残暴的安鳌起兵反叛，朝廷平息叛乱后，由于兵匪横行，龙华堂的香火逐渐凋零，建筑物也因风雨侵蚀慢慢朽败。直到改土归流，湖广填川后，青城山普照寺方丈恒峰和尚，游历乐山大佛寺后辗转来到龙华堂，这里的香火才重新兴旺。恒峰和尚是临济正宗第35世传人，他的到来，对华峰、对周边县的宗教文化，都是一个值得铭记的里程碑。

临济正宗是中国佛教禅宗五家之一，此宗开创者义玄，由于其在河北正定县临济禅院开坛说法，故名临济宗。六世祖

慧能博通经论、精通律学，把临济宗推上了史上最为卓越、门风最为兴隆的高峰。不但禅院遍及国内名山古刹，而且传法到日本及东南亚，成为中日禅宗的主流。

恒峰和尚于清朝乾隆十六年（1751年），奉师父心莲法师之命，从青城山经乐山，到龙华堂主持事务后，立即募款维修龙华堂，并将其更名为观音寺（后来又更名为华峰大庙）。由于当时副官村境内人烟稀少，观音寺地处荒野，殿宇倾颓，佛像损坏，所以恒峰只能删繁就简，带领大家从事一些简单的佛事活动。直到大商人文保看破红尘，一心拜师参禅后，观音寺的佛事活动才真正步入正轨。

文保是湖广人，乾隆初年随填川人流，来到副官村定居经商，由于家道殷实，道上多朋友，他拜恒峰为师得名道玉之后，在栽树种竹、购置庙产、还清旧债的基础上，大办庙会，四处募化。重新在原址上修建了两重大殿、东西廊坊、山门石坎，并新铸香炉、洪钟。由于道玉是临济正宗弟子，故观音寺短时间内名声大振、远播川滇，至咸丰时，寺院扩大到五重大殿，僧侣达百余人。

奠定华峰大庙临济正宗道场，道玉功不可没，他主持观音寺期间，大开祖师禅教宣说正范三载，足迹所到之处，正气通川岳，邪氛靖蜀滇。除了认真参悟禅教精

髓，道玉和尚多次往返青城山普照寺、乐山大佛寺，潜心学习《临济录》《圆悟心要》等禅学经典，亲自撰写《翠峰要义》《华峰宣示录》等书，使华峰大庙临济一脉，从35世恒峰一直传到中华人民共和国成立初期42世弟子玄超、玄楷之手，共历8世，200年香火不绝。

山是一尊佛，佛是一座山。自古以来，尽管很多人把华峰看作是三清爷或三佛祖，时常望空朝拜，奉为掌管自家命

华峰大庙遗址和尚墓塔

运的神山，但凌光斗却偏要把华峰看成三支巨笔。"秀削居然擘太华，三峰如笔奠金沙。朝垂碧落三秋露，晚蘸晴空五色霞。"在凌光斗心中，世上没有佛、没有仙，他认为：事在人为，休言万般皆是命，境由心造，退后一步自然宽。所以，他眼中的华峰，是上古天神用鬼斧削出来的。早晨，华峰是倒垂在碧空上的几颗秋露，晚上则是蘸着漫天霞彩，倒写苍天的三支巨笔。副官村的学子们，只要刻苦学习，就能有造化钟得华峰的神秀，就能文章大块书千古，就能长风破浪路三千。

凌光斗的观点，得到了后世文人的推崇和践行，以后，副官村的学子们，通过自身努力，果然代代都有人考取秀才、举人，甚至进士。大家既把华峰视为副官村人文蔚起的标志，还将其列为绥江八景之首。由于文人们不修仙、不拜佛，登临华峰只为钟山川秀气，领略禅院文化，因而从古至今，竟然没有吟咏华峰大庙的诗词文章。相反却有几首反对不劳而获、把一切希望寄托给菩萨的传世作品。

"佛号狂呼似入魔，吹箫打鼓更鸣锣。西方有佛天边远，怕你声声阿弥陀。"从凌琢章先生这首《竹枝词》中，可以看出，他是不信佛的。

他觉得那些"此生舍一文，下世回收一万"的理论荒谬至极，那些被假和尚们洗了脑的香客简直可笑、可悲、可怜。刘伯墉先生也是一个无神论者，他推崇的是佛教文化，反对用神灵邪说控制人们的思想和行为：

"万拜不回声，只是傻然喜。若是天灾来，伊必毫无计。""泥塑观音，一点禅心难救苦；雨淋罗汉，两行朱泪假慈悲。"刘伯墉的观点非常明确，菩萨是一堆泥，任你如何拜，都无回应。天灾面前，他自身难保，毫无计策。真正的菩萨是自己，佛只能给你阐明道理，不会给你做任何事，一切还得靠自己。

世事轮回，人情更替。几经沧桑，华峰山依然青翠葱茏。龙华堂的晨钟，蘸着明朝的月光，携着清朝的水雾，依然在人们心中回响。道玉和尚一尘不染的禅心，依然像皎洁的月亮，高高挂在山头。凌光斗的七律《华峰秀笔》，不仅启迪了当地学子，而且震撼了当今全国各地的诗联高手。黑龙江女诗人郭德萍说华峰秀笔："论证沧桑、注解兴亡，能教天生色，人生彩，地生光。"湖南黄建中先生说华峰秀笔："倒借白云来做纸，相邀红日欲钤章。金沙潮弄银笺动，古寺莲开墨迹香。"吉林郑群先生游华峰后欣然写道："满目群峦叠翠中，山光十里各奇雄。晨烟初起鸾鸣野，暮雨才收月挂空。欲结禅缘臻化境，还需大善合天功。恰如神笔人间落，力转长江水向东。"

云南作家孙道雄先生的楹联，更是把华峰秀笔，推到了极致的地位："代皇天行化，启智迪才，不愧无双秀笔；为后土增辉，腾龙跃鲤，果然第一华峰。"孙先生认为，华峰秀笔是在为皇天行教化之道。华峰秀笔不只属于绥江，它属于云南、属于整个中国。

三教合岳莲花山

世间好语书说尽，天下名山僧占多。自古以来，一个地方的文化发展和传承，除了官方的书院、学馆外，还有名山大川的古刹、宫观和寺庙。儒释道三教文化，起先水火不容，后来相互渗透，再后来就被世人通通接受，统一尊崇，视为一体了。

莲花山位于中城镇绍廷村，主峰海拔1851米，因形似莲花而得名。山上除了古木箐竹、奇花异草、名贵中药材、珍稀动植物外，还有第四纪冰川遗物，国家一级保护野生植物珙桐、桫椤。珙桐俗称二月花，因形似鸽子，当地人又叫鸽子花。阳春三月，箐竹笋破土时节，备上好酒好肉，约一帮帅哥靓妹去莲花山赏珙桐花，实在是一项超凡拔俗、穿越时空的乐事。布谷声里，幽谷空山中，一树树洁白的花朵，宛若展翅欲飞的信鸽，既能涤净心中的凡尘俗念，又能带着每个人的思绪，穿越虫洞，回到远古的冰川世纪。

珙桐花开

莲花山玉禅寺遗址石构件

据老一辈人讲，以前莲花山从山脚到山顶，共有48座宫观寺庙，每年前来朝山者，总计数万人。而今大部分庙宇建筑虽毁坏，但从山脚到山顶，仍有猪王庙、城隍庙、真武观、雷主庙、鸿钟寺、天星庙、观音寺等十余座庙宇建筑和遗址。除了佛道两家的宫观寺庙，山脚还有学馆，专门传授儒家文化。试想，百多年前，莲花山从山顶到山脚，整天香烟袅袅、佛号声声、书声琅琅，僧侣、道士、学馆教师和睦相处，定期开展学术交流，共同为朝山香客破迷航、开觉路。那情景是多么超凡拔俗，多么见性明心，多么中庸睿智，多么令人神采飞扬。

莲花山的庙宇群，最具规模的是明朝成化年间修建的四大古刹。这些古刹最先供奉三清爷，属纯粹的道观，后来佛教盛行，便改名为龙潭寺、圆通寺、圆觉寺以及玉禅寺。尽管改了名，但太上老君的塑像依然高奉殿中，与如来佛、孔夫子并排而坐。

龙潭寺在良姜村旁，占地三亩，规模宏大，寺旁小溪边有学馆，虽然现在房屋不存，但从其遗址可以看出，当年香客如云，梵呗之音不绝的壮观景象。和龙潭寺一样，圆通寺和圆觉寺而今也只存遗址。徘徊在断碣残碑前，徜徉于苍烟落照里，一股凄凉情愫油然而生：当年禅心似月的小和尚，而今你在哪里修行，我的前身，是不是哪位道法自然、苦修先天无极的道士？从学馆中翩翩走出的儒生，现在走到了哪里，是金榜题名，在外地做了官，还是名落孙

❶ 莲花山古树
❷ 莲花山残存寺庙

山，一直流浪异乡不敢回去见父老乡亲？逝者如斯，谁能造一架机器复印历史，人生如梦，谁能铸一把金锁，锁住时光？

令人欣慰的是，玉禅寺的建筑虽大部分损毁，但正殿和石板铺成的院坝犹存。这座始建于明朝成化年间，清朝雍正八年（1730年）培修的古刹，总占地面积800平方米。周围数十亩田地，以前均为庙产。中华人民共和国成立后，这里曾作为生产队保管处和民校教室。目前，玉禅寺已全部恢复为寺庙，现存摩崖1处、功德碑5通、和尚墓20余座。玉禅寺的兴盛，得力于道光年间的主持本祥和尚。本祥原籍贵州贵阳，直隶开州人，生于乾隆丙申年，父亲早亡，随母亲迁往副官村永兴里。由于母亲和妻子早逝，悲戚之余，整

天在玉禅寺黄卷青灯、经声佛号中超度父母和妻子。任主持后，本祥四方化缘，竭力维修寺院，大阐释道两家妙语，使香火冷落的玉禅寺，短期内又炉烟云绕、烛影呈祥，到处充满神秘色彩。

在绥江，三教合一的显著特征，除了莲花山的宫观、寺庙和学馆，还集中体现在丧葬文化上。人死之后，要请道士先生开路做道场，道士的祖师原属正一派，是在家修炼那种，可以娶妻生子，可以喝酒吃肉，不是出家修行，严守清规戒律的全真派。现在的开路先生名义上虽称道士，但其科律和法事，又以佛家为主。班师、请神、安座、敬茶、敬酒时，既要礼请佛家诸菩萨，又要礼请道家众神灵，还要礼请孔圣人。

不管是开路，还是做道场，《皈依》是道士们必须唱的歌曲："皈依佛，佛在灵鹫山，山山常说法，说法度亡魂。皈依道，道在玉京山，山山常运转，运转度亡魂。皈依儒，儒在尼丘山，山山

莲花山

常教化，教化度亡魂。"这首唱词，就是三教合一的有力证据，除此之外，还有一首《火句赞》："神通真莫测，鸾刀紧随身，黄金殿上奏凡情。灵鹫释迦主，尼山孔圣人，玉京山上李老君。"

　　法事中，道士一会儿请西方诸神，为亡人消除孽债，度其脱离苦海，进入西方不生不灭的极乐世界。一会儿又请九天诸神，施展法力，让亡人羽化飞升，骑仙鹤直上灵霄宝殿。儒教不是宗教，没有法力让亡人成仙成佛，只能让在生之人明道理、行孝道。所以在《三孝礼》法事中，道士就以《孝经》《论语》，还有《诗经》中的有关故事和句子，教育孝子：

　　　　蓼蓼者莪，匪莪伊蒿，哀哀我母，生我劬劳。蓼蓼者莪，匪莪伊蔚，哀哀我母，生我劳瘁……

莲花山，春天杂花生树，鸟声如织；夏天远离酷暑，红尘不到；秋天枫红如染，云淡风轻；冬天银装素裹，冰清玉洁。不管烟雨空蒙时节，结伴上山赏花，盛夏之际邀朋登顶避暑，还是一步一叩首朝山，这里的珙桐花、杜鹃花、山茶花、道观、寺庙以及万顷竹海，都会给你一种别致的享受，都会把你的灵魂洗涤得晶莹剔透，让你的思想在三教始祖的光辉里升华。

香炉山上祖佛台

绥江四大名山中，海拔2054米的罗汉坪大堡顶，以高著名。1988米的轿顶山，以山形如轿顶，常年云遮雾绕引得世人瞩目。1851米的莲花山，不仅山形秀俏如莲花，而且从山脚到山顶，庙宇、道观遍布，历来就有三教合岳的美誉。1537米的香炉山，排名最末，既不峭拔，又无耸翠之峰。

尽管高度和奇秀险俏一样不占，但香炉山依然远近闻名、令人神往。每年依然有大量游客和香客登临山顶，拜手仙峰。"香插仙峰，虽远能荫，炉生山顶，不高则名。"著名法师罗少安先生的对联一语中的，既道明了香炉山的来历，又招仙请圣，为其注入了灵秀之气。

香炉山位于绥江县城南十公里，其形如一幅展开的书画长卷，横卧在中城镇回望村和板栗乡中坝村之间，由于山顶有尊天然巨石，酷似香炉而得名香炉山。山顶的建筑先为道观，后为寺庙，每年观音会和中元节，四方善侣都要请法师上山做法、驱邪、求雨或者祈福。香炉山与其他山脉不相连，独立成岭，从回望村红岩上往南，至李家湾再往东，一直横亘到黄连坪横梁子和乱山子。由于平和，且无起伏之态，加之自身高度摆在那里，所以历代高人都把香炉山当作一本深刻隽永的线装书，把它看成一幅恢宏大气的风物画、一座凝烟积翠的屏风、一组荡气回肠的田园诗。

香炉石的顶端既叫缴香台，又名祖佛台。石台虽三面临崖，但一点也不凶险吓人。由于上面有无数层香灰，由于四周都是草木，因而不管高人、法师登顶，还是凡夫俗子朝山，都要健步跨上祖佛台，或观景，或许愿，或什么也不做，望着远处的层峦叠嶂发一会儿呆，然后乘兴而归。

以往，但凡天干、虫灾蔓延，或者庄稼收成不好，乡人都要请法师上香炉山做法和打醮，而今只要提到香炉山，年长者就会津津有味地叙说，当年罗少安法师求雨的精彩过程。罗少安是民国时期回望、凤池和华峰一带的掌坛师，既通诗文，更具法力。据说他的符水能掩尸臭。每当天旱，人们打完龙潭仍不见雨时，就会请罗老师做法。每次只要罗老师

香炉山

登山做法后，次日必有瓢泼大雨。

三十多年前，笔者从罗少安的嫡传弟子杨通光老师处，看到过罗少安先生的求雨词。其字不但铁划银钩、苍劲洒脱，而且其文对仗工稳极具文采："善可格天，诚无不应。有感灶君，传奏甘霖于克日，玉旨倒下，大降滂沱于斯时。士农工商，望天祷告于不昧，雨师风伯，群仙到会而有灵。鉴祭神天，攸分善恶，当方以奏，佛果无虚，春和日丽，酬天地之大德，雨顺风调，谢仙道之宏恩。"

山不在高，有仙则灵。虽然人们把香炉山的神灵渲染得非常具有传奇色彩，然世间离奇之事多属巧合。不过，话说回来，一座山的形状、走向以及山里的物产风光，从科学的角度讲，注定要影响人们的生存观念、道德水准以及文化风俗。香炉山植被丰厚，筇竹、刺竹、乔木、灌木众多，盛产天麻、重楼、虫草等多种中草药。由于山势平缓，所以山下各村庄民风平和，长寿老人特别多。在龙家山、黄连坪一

❶ 香炉山杜鹃花
❷ 香炉山远景

带，90岁左右的老人下地劳作是常事，乱山子杨世堂家，至今仍高悬着一块罗少安先生手书的"五世同堂"匾额。民国二十五年（1936年），杨世堂出生时，恰逢其高祖母蒲太孺人八秩大庆。该匾是当时蒲姓人家相赠的贺礼，是绥江县内幸存的为数不多的家族文化匾额之一。

　　江南四月雨晴时，兰吐幽香竹弄姿。四月份到香炉山赏杜鹃花，是一件赏心悦目的愉快事。香炉山的杜鹃花由于海拔适中，不但品种齐全，而且别有韵致。这里的杜鹃花多长在岩石上，总是与人保持着一种距离，让人只能仰视、不能攀折。站在树下，置身在清丽如水的鹃声中，只要心无杂念，只要把自身浩气融入山谷灵气中，那些大红、粉红，还有浅绿色的花朵，就会在你眼前幻化成一个个美目流光的仙子，就会翩若惊鸿、婉若游龙地走

进你的心底，就会在你面前洛浦凌波，飘飘然若风回雪舞。

山顶有花山脚香，香炉山的雄浑平和，既时刻荫庇和影响着山下的居民，又成就了绥江的著名景区：双汶合秀。发源于山侧的小汶溪，不仅流量充沛，常年滋养着回望、华峰和凤池三个村几千亩田地，而且九曲回环，沿途风景秀丽，惹得中国联坛十杰之一的白启襄先生诗兴大发：

香炉山出入金沙，烂漫蜿蜒一路花。
九曲回环何处去，小汶溪水润千家。

通悟物理人情的拐点——长江东转

当年将地图绘制到万寿宫墙壁上时，绘图人绝对想象不到很多年后，人们再次面对它时那种惊奇的表情，正如后人无论怎样努力

五世同堂匾

长江东转蜜汁李

也无法想象出他是怎样的一个人，出于什么原因，绘制了这样一幅海棠叶状的中国地图。

那是 2011 年的春天，因为国家重点工程向家坝水电站建设，海拔 381 米以下将被水库回水淹没，绥江县邀请了省文物考古所，到绥江进行文物核查与搬迁规划设计。在核查南岸万寿宫时，将靠后墙堆放的柴草、杂物清理完后，现场的人们全都被墙上那幅残破的地图惊呆了——那是一幅海棠叶状的中国地图，尽管有些破损，尽管没有人知道是何人何时绘制的，所有人还是只看一眼就肯定了它。

"想不到如此偏僻的地方还会有这幅地图！"省文物考古所的专家忍不住感慨。他们不知道，在他们眼中如此偏僻的地方，曾经是如何的繁华，接下来让他们感慨的文物还会更多、更重要。

这个"如此偏僻的地方"就是绥江南岸。

南岸这个名称，第一次出现在史册上是元朝至元十三年（1276年）。元史记载，这一年四川马湖路总管府"创府治在夷都溪口马湖（江）南岸"，随着向家坝水电站移民搬迁，马湖路总管府残留的基石、椽架、柱石也将搬迁复建，但墙壁上那些让后人惊叹不已的历经时代风雨、惯看社会变迁的图画却再难以还原。

南岸让人惊叹的岂止是海棠形状的中国地图和元明时期的马湖府，她还可以往上追溯到诸葛亮渡泸水征南中七擒孟获，追溯到汉武帝派唐蒙开拓西南夷，直至点燃绥江第一缕文明曙光的黄龙村新石器时期遗址。

"风流总被雨打风吹去"，历史有意让南岸见证了绥江文明的发源、发展和繁荣，时间却又无情地将这些刻痕一一抹平，让一湾

澄碧的江水轻轻覆盖，仿佛给睡梦中的婴儿盖上温暖的绒被，让人唏嘘，让人感怀。

好在"上帝在关上一扇门的同时，会给你打开一扇窗"，如今的南岸又拥有了另一张名片——长江东转。

金沙江自格拉丹冬发源，一路千折百回，其流向忽南忽北、左曲右拐，冲出横断山脉后，在绥江南岸才最终下定向东奔流到海不复还的决心。

"长江滚滚自天流，奔至绥江又调头。石鼓击来巴蜀乐，金沙淘尽汉夷愁。"江西诗人刘云这首咏长江东转的诗歌，告诉我们，在绥江南岸，你既可以欣赏"俯瞰大江东逝水"这一自然奇观，还可以开始一次"超然物外"的人文旅游。

　　站在长江东转观景台，面向北面，你不仅可以欣赏到"长江东转"，西宁河、中都河呈"二"字直线汇入金沙江的奇特地貌，还可以欣赏到三江合流、三桥对峙的人间奇景。稍稍侧身，你又可以观赏充满彝族建筑元素的南岸新集镇，在"月儿池"的故事里体验一回弯弓射大雕的豪迈情怀。将目光收到近处，则是遍坡遍野的桃树、李树，树丛中星星点点，杂糅着汉彝风格的民居的白墙红瓦、翘角飞檐。曾经是满坡荒草的真武山，经过土地整理开发，已经规范种植数百亩桃树、千余亩李树。春暖花开，游人如织，花山人山，花海人海，满山美景归我所有；手机、相机、摄影机忙个不

桃花宴

停，朋友圈分享与众同乐。才见繁花满枝，又望硕果累累，眨眼间，鲜香的奥桃、皮球桃、金龙香桃和清脆的绥江半边红李子便挂满枝头，牵引着你的眼球，勾动着你的食欲，呼朋引伴，携筐挎篮，体验一下采摘的喜悦，品尝一下丰收的甘甜。

"山河春郁，家国情深。"万里长江在绥江形成的这个东转拐点，既是一幅神奇壮丽的山水画卷，又是一道通禅悟道的人生考题。在这里，一切自然地理的现象和人文历史的事物，都是矛盾而又统一，对立而又和谐地并存着，向人们昭示着宇宙的法则和发展的规律。

地处长江东转拐点的绥江南岸镇，虽然名字中有个"南"字，地理位置却是真正的滇东北最北端；因淹没迁建的南岸新集镇，连接着两旁沿二级路排开的移民自建房，宛如涅槃凤凰张开翅膀，迎着旭日振翅高飞；从四川成都经乐山、沐川翻越五指山，过金沙江经南岸而至昭通、昆明的三尺古道淹没于库区回水，湮灭于荒草荆棘，而横跨滇川化天堑为通途的国道213线、南岸金沙江大桥、现已开工的昭乐高速公路、即将开工建设的宜攀沿江高速路，必将再一次谱写长江东转拐点——南岸作为交通枢纽的辉煌篇章。忆往昔，看今朝，想未来，让人油然而生新与旧、古与今、南与北、自由与放荡、人情与物理的思考和感慨。

站在长江东转拐点，看昔日桀骜不驯的江水温驯如鹿、澄碧如洗，怎能不感叹金沙江千折百回，冲破一切艰难险阻，日夜奔流尽朝东海的恢宏气势和万丈雄心，眼前自然涌现出广东诗人谢潇那副穿时间而去、越空间而返的磅礴楹联：

自昆仑磅礴而来，浑忘却青藏荒原、侏罗寒纪，东转出金沙，拍天并起拉纤号；

应大地苍茫之化，恰逢此谷横高坝、湖映新城，中流分玉镜，挂席长怀逐日心。

游赏长江东转拐点，一千个游人就有一千零一种心情、一千零一种感悟。但愿行色匆匆的你，能像这慢下来的江水一般停一停你的脚步，缓一缓你的行程，慢下来，沉下来，倾听长江东转知己般的低语，告诉你世界和生命的真谛。

① 千亩半边红李子园
② 桃花节一角

紫气东来峰顶山

紫霞山又名峰顶山，位于绥江会仪镇和水富县太平镇之间。紫霞山无疑因紫气东来、晴霞遍野而得名。由于半山腰垭口处有一条古道，经太平直达盐津五尺道，过往客商们在山垭口歇气赏景时，不知峰峦之上还有景，俯瞰脚下几座小山包，便以为自己到了峰顶，到了"一览众山小"的位置，于是就把紫霞山慢慢叫成了峰顶山。

紫霞山也好，峰顶山也罢，其实都是人给山强行安上的名。山不一定知道，也不一定会领情。人世苍茫焉可问，山风浩荡更难知。然而，人和山终究是要发生关系的。山无名，人就不好区分管理，就显得没文化，所以无论称紫霞还是峰顶，这座山都不会介意，都会种瓜得瓜，种豆得豆，种爱情收获情侣，种文化回收对外知名度。

积泉池石刻

除了古道、古桥，成就紫霞山，使之成为名山的，主要还是20世纪60年代的一项水利工程，即东风大堰，以及峰顶山水库的修建和投入使用。"紫霞山前，新增虎穴，万古桥边，人造龙潭，几曾流连忘返，多次劳动盘桓。春光流水两县利，秋色湖波万象涵。"先贤陈泽文的《跃进堰东风水库赋》，如一幅恢宏的画卷，展示了修建水库时"红豆熬汤仍比武，二锤抡飞，青梅煮酒论英雄，炮杆烫手"的壮阔场景。这项投劳38万多工日，历时6年建成的宏大工程，既营养了会仪镇8000多亩田地，又平衡生态，让白鹤栖息繁衍，最终在这里安家定居。

绿水、青松、白鹤是紫霞山的最大特色。这里的白鹤，起先是三五对，后来几十对，再后来就数不清了。和县内香炉山、莲花山、轿顶山等几座名山相比，紫霞山没有古寺，只有一座清朝乾隆年间

林间小木屋

修建的写字桥，以及很有规模的朱家院子。没有梵呗之音的紫霞山，飘逸至极，人气反在诸山之上。"才看紫霞登峰顶，又聆清潏到汶溪。"中南大学教授、楹联大家余德泉先生的楹联，既是对紫霞山的由衷推崇，又是此山最响亮的广告词。继余教授之后，江西楹联家刘枫先生的楹联："紫气氤氲，波荡湖心嬉白鹤，霞光绚烂，云腾峰顶醉红枫。"也值得称道和珍藏。余德泉和刘枫先生都是全国著名学者和诗联大家，能得到他们的歌咏，不是一件容易事，而是一件荣幸事。

跃进堰从二十多公里外的盐井坝，穿岩越涧而来。由于常年有活水滋养，所以紫霞山的青松、白鹤就显得与众不同。这里是松的世界、鹤的领地。每位游人到此，都能感受到松的气质、鹤的气度，以及山的气韵。徜徉在通幽曲径上，鹤群总是

绥江峰顶山

不远不近，若即若离地相随。人不伤鹤，鹤不怕人，这是人鹤忘机的意趣。这种把自己一层层剥开，一层层融入山光水色、花香鸟语中，把一切贪恋和烦恼如冰和雪一样，化解成清风的超凡之旅，实在是一种莫大的享受和幸福。

揽一湖空茫迷蒙的烟水，涤尽胸中块垒，你绝对会身轻如燕、吐气如兰，感觉多年羡慕追寻的紫霞仙子，其实就是你自己。的确，在紫霞山旅游，只要忘却烦恼、敞开胸怀，人人都是一朵点缀湖山的红莲。这里

樱花盛开

有淳朴的民风、纯天然食品和几百亩樱花。在这里不仅能采摘到田园萌发春潮时的生机,而且还能领略树木托举夏日时,撑开的思想。

近年来,在当地政府的持续打造下,峰顶山的观光旅游一下子成了特色。每年仲春,远远近近的游客都会携妻带子、邀朋约友,慕名上山赏樱花。这里的樱花不是几十株、几百株,而是几百亩,远看一片红,近闻一阵香。人在花中,完全被花树、花枝、花朵、花色、花香所包围。不管在花丛中聊天、饮酒、谈情,还是在树荫下徘徊、沉思和感悟,流岚写意的霞光,迷离馥郁的淑气,始终如影随形,执着地把你濡染成一棵树、一枝花才善罢甘休。这个时候鹤的飞翔声,花的开放声,还有你融入大自然后的吐纳声,就是一曲空灵超拔的天籁之音。这个时候,你才真正与紫霞山结缘。

除了湖水、松鹤和樱花,紫霞山还有一处神秘景点。这个景点既叫黑洞子,又叫合洞子。相传500多年前,马湖府世袭府官安鳌,凶蛮残暴,大量搜刮民财不算,还意欲起兵谋反。为了一统马湖江沿岸各部落,安鳌派兵在紫霞山腰凿岩修筑地下迷宫。既将几代人收集的金银珠宝尽数藏于洞里,又广招巫师、妖僧大修撒豆成兵之妖术,妄图把紫霞山作为对抗朝廷的根据地。

多行不义必自毙。安鳌被诛杀那天,紫霞山腰的黑洞子突然冒出一股黑气,接着轰

樱花小镇

隆一声巨响,偌大的洞口就合上了。不仅把安鳌的宝藏全封在了里面,而且数千兵丁和巫师们一个也没逃出来。

此后黑洞子就成了合洞子。几百年来,许多高人费尽心机,想找到洞口获得里面的财宝,都未如愿。据说只有心地善良、心无贪恋者,才有机会一睹黑洞子的神秘面容。相传清朝道光年间,山上一朱姓庄主,为人质朴,经常周济贫苦乡民。他做一次好事,就有一次走进黑洞子的机会。从洞里拿出的财宝,他分文不要,全部散发给大家度日,乡民为感其恩,便在山上筑了个水塘,取名积泉池,意为积水成渊,蛟龙生焉,积德成山,子孙平安。

积泉池在水库之上、黑洞子之下。周围竹树环绕,池边石碑上有:积泉池及道光三年(1823年)六月的题记。

明天宝宫遗址

物华天宝的皇木采伐地——凤岭

凤岭就是现在新滩镇后面的天宝山，因其形状像一只展翅高飞的凤凰而得名。凤岭晴云是明朝龙湖十二景之一。龙湖十二景，囊括了屏山、雷波、沐川、永善和绥江最有名的名胜风景。几百年来，一直以深厚的文化底蕴、优美的生态环境，吸引着四面八方的游人。

"圣皇推仁化南国，凤凰飞来止丛棘。"从明代马湖府郎中刘忠的诗中，可以看出，当时明朝廷推行仁政，以儒家思想教化南国，于是便有凤凰飞来栖息。几百年前的郎中是官职，并非现在的乡村医生。刘忠笔下的丛棘，指凤岭、三渡、罗坪和铜锣坝一带，当时这一带古木参天、清泉遍野，是朝廷钦定的皇木采伐点之一。

明朝永乐年间，马湖府同知朱懋因伐木运京有功，受到皇帝封赏，敕建"护国救民"牌坊。由于皇帝亲封，加之财力充足，接到圣旨后，朱懋便在凤岭大兴土木，征收150亩土地，修建朝拜广场、救国护民坊、山门、天宝宫、神木宫、天灯台、上元宫、天后宫、三圣宫、老君殿、缴香台等歇山斗拱建筑群，并取物华天宝之意，将凤岭改为天宝山。

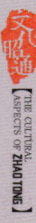

　　天宝宫建成后，极为奢华，占据了半座山峰。由于明朝皇帝推崇人天合一的道教，将道教事务列为日常行政管理，所以天宝宫每天从早到晚仙乐悠扬、轻烟缭绕，处处蕴含道法自然的玄机。既引四方香客来朝，又把道教文化推向了极致。

　　明朝宣德年间，武当派创始人张三丰，云游到马湖府万寿观，见沙洲渔火之上，虽有彩凤高翔，但却隐藏一条随时都会作乱的黑龙，忧虑之余，便派数名弟子长住天宝宫，一边练功烧丹，参悟先天无极，一边运功施法镇压黑龙。

　　张三丰到马湖府的依据，除了天宝宫盛极一时的道教文化，还有现

春暖花开

今存于屏山文管所的太平石做佐证。太平石高2.5米、宽2米，原书于金沙江畔岩石上，民国时期被人发现。除了太平石三个字外，还有山高月小、水落石出、云水张三丰等题记和落款。经专家鉴定，此为张三丰真迹。因为上面，明嘉靖知府歧南子赵时吉和明天启七年等字清晰可辨。

现在，绥江、屏山境内依然流传着张三丰的诸多传奇故事。《珠宝洞》《石龙过江》《袖石填江》《石鸡报晓》等大量优美传说中，张三丰不仅法术高强，把祸害民众的黑龙变为了现在的石龙，而且风流潇洒，惹得狐仙神魂飘逸，甘愿吐出宝珠，放弃几百年的修为，舍命追随。

除了张三丰的传说，罗因秀才的故事在沿江一带，也是非常传神的。罗因秀才是文曲星下凡，具有移山填壑神功。他被皇帝派到马湖府协办皇木之初，这里的楠木、樟木和杉树，每棵都粗如巨龙，从地上一直长到了天上。马湖江沿岸的人，不服教化，人人都可顺着大树爬到天庭玩耍。女人们不但美若天仙，而且非常聪明，问一答十，能文能武，等闲男子根本驾驭不住。

一个烟雨迷离、鹃声如织的春日，罗因秀才看四野柳绿花红、景色绚丽，高兴之余，便独自骑马郊游。中午时分，他来到一农家门口，由于口渴，便把白马拴在一棵小杉树上，进门讨水喝。接待罗因的是一位仪态端庄、艳光照人的少妇，罗因见她礼貌待客且冰肌玉骨，就和她天文地理攀谈起来。少妇的知识很丰富，任罗因出什么难题，都对答如流。

聊完天出门，罗因忽见自己的白马高悬在一棵大树上，已经断了气。刚才还是小树，怎么转眼间便成了参天大树？这个时候，他才明白，朝廷把皇木采伐点定在

缴香台五行八卦石香炉

马湖江沿岸的原因。原来这里的树木钟天地灵气，生长速度奇快，既珍稀高贵，又能直达天庭。"不行，这些树木不能长这么高，这么快！在本秀才面前，必须弯腰低头。"罗因秀才的话刚说完，漫山遍野的树木果然停止了生长，全都弯腰低头，从此百无一用了。

美少妇见此情景，大为恼怒。她义愤填膺地斥责罗因逆天意破坏自然规律。罗因见美少妇身边的双胞胎儿子甚是可爱，就对少妇说："你只要对上我的下联，我便恢复先前的秩序。"罗因的上联是："谁是先生子，孰为后生儿？"美少妇见罗因占自己便宜，不假思索说："先生是我子，后生也我儿。"

罗因羞得无地自容，回到马湖府，就向知府建议，以后强令辖内妇女拴围腰。此举措推行后，由于被围腰布蒙住了心里的灵光，妇女们从此逆来顺受，再也聪明不起来了。

不管张三丰的传说，还是罗因秀才的故事，其中都共同佐证着一个事实。这个事实就是几百年前，天宝山一带的生态极佳，树木茂盛，生长速度奇快。皇木采伐后，这里的森林遭到严重破坏，余下的树木全都是弯腰低头、不成材的杂树。伐一棵皇木，究竟要多少无辜的树木陪葬？皇木进京，对马湖江沿岸是荣耀还是灾难？这个问题一直没人回答。

而今的天宝山，早已没了往日的辉煌，只有山顶五行六合的缴香台，仍在执着地讲述天宝宫的人文历史。虽然乾隆年间，某香客精心雕刻的四尊檀木神像，于20世纪90年代被小毛贼盗走，但虔诚的香客依然大老远不辞辛苦地集队登顶朝山。

时下，整个天宝山全被桃李覆盖。徜徉在几千亩桃花、李花中，看滚滚春潮，渲染出的一幅幅水墨画，看桃花丛中那一张张清纯靓丽的笑脸，再听雪一样的花海中，甜甜飘出的动情歌曲，所有游人都会飘逸拔俗，感觉自己顷刻间步入了天堂。

隐逸深山的小小三峡

中铜峡谷是笔者个人给她的命名，因其位于中村、铜厂两村之间，无史无据，无事无凭，取个名字便于叙写而已。

峡谷起于铜厂村小沟，小沟之景可用秀美二字来概括。在国道213线公路上，可以望见铜厂河对面秦家山明显塌了一大个缺口，那个塌陷的山体，轰隆隆直奔眼前而来，到河边却硬生生止住了脚步，形成一壁百余米高的悬崖，崖壁上有条数米宽的裂缝，裂缝间横亘着一条直径约一米的石龙，蜿蜒盘旋，似在痛苦挣扎，这就是有名的"石龙过江"了。

沿着公路边的土路下到铜厂河，蹚过铜厂河，一条比石龙过江处更狭窄的峡谷出现了，这就是小沟峡谷。小沟峡谷宽度只有几米，两边悬崖高度却有几十百把米，抬头仰望，只见一线天，没有瀑布，只有大颗大颗的水滴，仿佛断线的珠子从悬崖上滴落，薄雾般氤氲着整个峡谷，仿佛置身仙境。

如果说小沟峡谷是隐匿在深山的小家碧玉，那么紧挨着中铜峡谷的中村段，则是蒙着面纱的大家闺秀，近在身边却鲜为人知。

这是中铜峡谷最壮美的一段，长约十里，两岸悬崖刀劈斧削，绝壁半崖上，蜿蜒着的国道213线若隐若现，谷底溪流潺潺，或明或暗，数十道瀑布从天而降，若白练悬空，飞珠溅玉，近在眼前，有的伸手可及，有的甚至直接砸在车顶。常在网上看到某处有几条高矮不一的瀑布，便称作某某瀑布之乡，看到公路上有几道瀑布飞流而下便是最美瀑布公路。每每此时我总是忍不住莞尔一笑。我们一直忽视了中铜峡谷的美艳、神奇，不过是"熟悉的地方没有风景"，"只缘身在此山中"罢了。

不过，最壮观的却是三河坝大瀑布，落差123米，为绥江之最。1890年和1913年，广西籍昆明人罗养儒，曾两次游历绥江，在其著《纪我所知集》中有着较为详细记载：

"绥江为滇东（北）极边之一县"，"从谢沙（今永善细沙）北行两天至中村石咔啦（今石旮旯，又名三河坝），终于得见此行最壮观之大瀑布。此处位于群山之间，有溪流，乱石撑空，有

❶ 三河坝瀑布
❷ 鬼谷风光

峡谷飞瀑

十七八户人家，村后有一山，高数十丈，峻峭直立，崖壁横陈约十里，如刀削成。大瀑布在近村一里左右山崖上，由崖上缺口喷出。崖檐伸出两三丈，下则缩入两三丈，故瀑布如一匹白练直悬空中，不依崖附石，不似它处。远望其高度大约五六十丈，近观铺开至五六十尺宽，注入溪流，势如万马奔腾，声闻于数里外，冲击溪石之浪花高丈许，骇目夺神。立附近之一二百步内，恒雾雨微，凡往观者，俱不敢逗近流头，以寒气难禁，立足难稳也。夜宿此，旅店半在陆地半压溪流，殊趣极。饭后月明，当窗而坐，对面悬瀑，更呈异彩，寒流为清辉所逼，转不似素练而似彩虹，于是变换离奇。月当正中，悬流上尤现奇异已极之景象，惜余笔笨，难于写出。"

"能得此奇观，非一幸事乎！" "实开眼界中之大观，后观贵州黄果树瀑布（落差60米），有逊于此。"

"养儒所言，诚不我欺也。"站在国道213线公路边，仰望三河坝瀑布，遥想百余年前罗养儒所见，顿生豪气，当击节而歌：

"会当水击三千里,自信人生二百年!"

悬崖之上有人家。从中村水竹坝向西眺望,可以看到远处的莲花山,如出水芙蓉静静绽放于群山之上,莲花山连绵起伏,向东延伸到中村附近时陡然沉陷,形成两处绝壁,名曰大小团岩。三河坝瀑布就是从小团岩上飞流直下的,隔着鬼谷那条小溪沟与之对峙的就是大团岩,任何人都无法想象,如此绝壁之上竟然还会有人居住。

中铜峡谷的另一端,便是藏在深山人未识的罗汉坪峡谷。罗汉坪山高林密而少有人烟,因境内多罗汉竹(即筇竹)而得名。罗汉坪除了漫山遍野的罗汉竹,还有银杏、桫椤、珙桐、红豆杉、绥江含笑等国家保护的名木古树。当然,最多的还是杉树,筇林深处、房前屋后、田边地角,到处都可以见到杉树挺拔、青翠的身影。

现如今,乡村旅游、生态旅游方兴未艾,罗坪就像一位天生丽质的美人,正向世人撩起她的神秘面纱,展示她的绝

罗汉坪水库

世风姿。

2000年，江苏诗人林贞木曾写有《如梦令》，赞美罗坪景色："罗汉坪前野渡，原始林中古树。幽僻少人行，动植珍稀无数。消暑，消暑，请到箐林深处。"那时，罗汉坪水库还未修建，诗人却目光如炬，照见了十余年后的变化。

上万亩莽莽苍苍、绵亘不绝的原始森林，罗汉坪就是一个巨大的生态氧吧，让人在大口大口呼吸清香的空气时，还可以尽情地浏览她的美景：或泛舟水库，或漫步林间，或参访名木，或对话飞瀑……

如果你觉得幽贞独处，宛如闺中少女般的名木古树过于安静，那就请你跟着我穿过密林、深入山涧，去会会那些活力四射、活泼好动的"美女"。顺着清澈见底的溪流前行，你随时可以见到平如镜面的深潭，飞珠溅玉的瀑布。独坐潭边，顿觉柔情千般、妩媚万种，所有尘世间的烦恼和忧愁，刹那间消失得无影无踪。或者远远站着，遥看瀑布挂前川，如白虹饮涧，如雪浪纷飞，瀑布溅起的水沫，如轻纱，随风飘来，沾上你的衣襟，濡湿你的脖颈，触碰你心灵最柔软的角落。这些瀑布中最有名的当属响水洞瀑布，如果说其他瀑布只是活

梦里水乡大团岩

泼好动的少女，响水洞瀑布则可称之为"野蛮女友"了。响水洞瀑布高七十余米，从半山腰岩洞中喷薄而出，仿佛横空出世，飞流直下，声若响雷，山鸣谷应，气势非凡。

怎么，这些美景只能饱饱眼福，肚子饿得咕咕直叫了？没关系，草莓园的有机草莓颗颗鲜红似唇，正在等待你的亲吻；农家餐馆炉灶上炖着的高山猪脚腊肉，正咕嘟咕嘟直冒气泡，

罗坪雪景

随风飘来的香气馋得人口水长流……

你还可以走进苗族风情园的苗胞人家，与他们喝酒话家常，或者共舞一曲芦笙恋歌，沉浸在淳朴的民俗民风里，体验一番"梦里不知身是客"的美妙意境。

其实，罗汉坪并不遥远，当你觉得忙了、累了，她就是你疲倦时停泊的港湾；当你需要出发、征战，她就是你扬帆起航的码头。罗汉坪从来就不遥远，她就在你眼前、在你身边、在你心间！当你和她亲密接触后，你耳畔一定会时时响起风过杉林的天籁之音，你眼前一定会浮现你在筇林边上留下的靓丽身影，你心中一定也会像河北诗人景宇辉那样感叹：

    谁想回归大自然，请来此处住三年。
    奇峰秀水通观后，包你流连忘返还。

天堑通途——从三尺道到高速路

"噫吁嚱，危乎高哉，蜀道之难难于上青天！"

李白在盛世唐朝发出的一声感叹，穿越千余年的时间，仍然穿不透蜀山的险峻艰难。毕竟，再伟大的诗人也只是诗人，李白的浪漫停留在"脚着谢公屐，身登青云梯"的瑰丽想象上，而生活在滇山蜀水间的平民百姓，年复一年地忍受着大山的压迫和江河的阻隔，日出而作，日落而息。直到另一个既是伟大的诗人，更是伟大的政治家、革命家、思想家的出现，引发一场"萧瑟秋风今又是，换了人间"的伟大变革，才实现了"天堑变通途"的伟大变化。走惯了羊肠小道、崎岖山路的步履，才首次踏上了车轮滚滚，车辆穿梭的公路、高速路。

"要想富，先修路。"一个地方经济社会的发展状况，无不与它对外交通的道路好坏成正比。大清雍正年间才划归云南管辖的绥江人，抛开漫长的远古时代不论，单讲秦汉以来，不论在隶属四川千余年的漫长时期，还是云南治下的三百年间，其被边缘化的尴尬，是世人不得不正视的客观事实。

说起古代交通，人们往往津津乐道于途经盐津的五尺道，而忽视了绥江的三尺道。这并不奇怪，关河（横江）过境蜿蜒并行的公

中村脚板岩摩崖

路、铁路带给了沿线人民极大的交通便利，促进了当地经济社会的发展，位于豆沙镇石门关的袁滋摩崖石刻，更是给五尺道注入了文化的生命，让她在死寂的历史里鲜活起来、灵动起来。这是五尺道的幸运，比较而言，几乎同等重要的三尺道倍显落寞，只有那些残留的石梯和深深的马蹄印，无声地诉说着昔日的辉煌。

　　自四川成都、乐山南下的三尺道，经沐川翻越五指山，在绥江南岸跨越金沙江，在双河口一分为二，一条沿铜厂河经二十四岗、细沙木杆，而至麻柳湾（岔河）；另一条沿板栗河经关口、罗汉坪、串丝、普洱而至麻柳湾（岔河）。因生活和求学，后来则是因个人兴趣所在，我曾多次行走在古时人背马驮、运送物资的三尺道上。望着颓败的古堡、朽腐的寨子门，以及青石板上那些积水，甚至长满青苔的深深浅浅的马蹄印，崇敬之情油然而生：淳朴勤劳的先民啊，这条道路是你们用脚步和汗水蹚出来的，也是你们用生命和鲜血开创出来的。

关口风光

今天,在残存的三尺道上空手走一小段就会气喘吁吁。当年,肩挑背驮的商贾、南来北往的马帮经历着怎样的艰辛?青山不语,古道无言,溪水潺潺,野花悄然绽放,暗香阵阵。

铜厂三河坝至中村杉木岗四五公里路段,大多是悬崖峭壁。据说,先民们凿石开路,面对九十度的垂直岩壁无计可施,只好暂停施工。一日,工匠们正在商讨办法,窝棚外来了个讨饭的老头。纯朴善良的工匠舀了一碗饭,让老头独自在一旁吃。去收碗的工匠却发现那饭一口未吃,筷子横插饭中伸出碗沿,老人已不见踪影。工匠见状一怔,猛然开窍,悟出解决问题之道,赶紧跪谢祖师爷鲁班化身乞丐前来点化。工匠们迅速组织施工,在坚硬的岩石上凿出楔口,将长约一米的石板像筷子插在饭碗中一样,一块块并排牢牢楔入岩石,这排高高翘起的石板,与岩石融为一体,仿佛悬崖自身生长出来似的,人们将这段路称作"翘石板"。

"翘石板"虽然解决了通过悬崖的难题,但该路段毕竟过于险峻,难免有人失足掉落,付出生命的代价。且说中村街

上有个苦命人名叫王小二，家中仅有老母与其相依为命，王小二靠帮来往客商背东西为生，不幸病逝。客商路过此地，爬坡上坎不堪重负时，自然想到请王小二帮忙，不经意间脱口而出喊了声："小二哥，帮下忙嚛！"背上重负果然轻了许多，平安经过翘石板。爬上悬崖，望见中村寨子，猛然想起王小二已然病逝，知是王小二的鬼魂帮忙，便说了声"谢了小二哥"，将足力钱送到王母家中。

我向来不信鬼魂之事，却愿意相信这是一个真实的故事。我们从故事中听到的不仅仅是鬼魂帮忙做好事的正能量，更应该体会出古人重视团结互助、敬老孝亲的传统美德。

即使是在飞船上天、潜艇入海的高科技时代，在祖国大西南的崇山峻岭，在绥江，交通仍然是一件困难的事。单是"擦耳岩""手扒岩""阎王片""石旮旯""浃孔岩"等地名，即可想见三尺道所经悬崖峭壁、要隘关口的险峻程度。

行走在三尺古道上，虽非神涌万里、思接千载，侧身伸手抚摸着残损的石栏桩基础，蹲下身子仔细辨别石板上的蹄印痕迹，山风徐来，竹枝轻摇，草绿花妍，满身大汗不知不觉踪影全无，眼前仿佛出现一队队马帮、一伙伙商贾，满头汗水翻过最危险的岩口，围坐在黄葛树下歇息，聊着天南海北的奇闻轶事，相近而又别具特色的方言亲切自然，人生的奋斗与乐趣、家族的兴衰与荣辱，随着各人口中哈出的烟雾飘散开来，成为后人探寻时费尽心力搜集的宝贝。

在三尺道沿线至今仍流传着这样一句顺口溜："望见的板栗，路过的清水，碰到的关口。"生动形象地反映了三尺道上的板栗、清水、关口三个集镇的地理特色。不管是南来还是北往，在凉风岗、擦耳岩远远就望见板栗坪了，但几湾几岗却不是一时半会儿能走到的。清水集镇位于板栗河沟边，三尺道从集镇背后的悬崖上通过，往往是过了好一段路才想起已经路过清水了。关口处于两山夹峙之间，转过山口，关口集镇赫然扑面而来，近在眼前，仿佛能碰到你的额头。

岁月更替，世易时移，随着成昆铁路、内昆铁路、昆水高速公路的建设，绥江境内的三尺道已淡出了人们的视线，独守着日益黯淡的

罗汉坪古道

荣光，荒芜于野草，湮没于传闻。

  趋利是所有生物的本能，节约时间与成本更是交通建设、社会发展的第一追求，沉寂的三尺道迎来了又一次喧嚣与繁荣。不过这次不再是肩挑背驮的商贾，不再是蹄声嘚嘚、脖铃儿响叮当的马帮，而是挖掘机、装载机日夜轰鸣的建设大军，昭乐高速公路串丝至佛耳岩段正式开工，宜攀沿江高速也已申报立项，即将开建。三尺道浴火重生，见证沧海桑田的变幻，见证人们改天换地的精神，见证绥江走出峡谷奔向小康社会的美好愿景。

古道遗迹

第三章

风情这边独异

　　离家的日子，谁惹我热泪汪汪？无助的时候，谁令我挺起胸膛？谁在远方追问我的归期？谁在梦里撕扯我的愁肠？

　　拼搏的季节，谁给我无穷力量？腾飞的时候，谁为我插上翅膀？谁用忠肝涂抹我的山岗？谁将铁汁注满我的脊梁？

　　哦！神秘的绥江，毓秀钟灵的"小苏杭"。你有洛神的风姿，你是人间的天堂，你让无数游子的心海，泛起乡愁，你令多少志士仁人，深情向往。

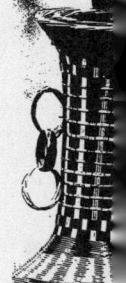

刻有荆楚滇川文化痕迹的"三川半"

> 一样的春花秋月，不一般的玉宇琼楼……

明代建筑瑰宝

　　绥江的明代建筑，诸如普恩寺、宝林寺、宝乘寺，在滇风蜀雨中，有的因天灾而毁，有的因人祸而塌。而今，只剩中城镇的玉皇观、新滩镇的文武宫，仍孤独地矗立在江岸的峭壁和平畴上，历经几百年酷日严霜，惯看数千年的风花雪月，以顽强的毅力，向世人无声地阐释着道法自然的玄机。

　　玉皇观在老县城西北角，曾经是中城镇机关所在地。大殿占地面积167平方米，明朝嘉靖年间建第一山门，名为引凤楼。山门内，除大殿外，昔日还有玉清宫、上清宫和太清宫等宫观建筑群。大殿属歇山顶双重檐建筑风格，由11个斗拱、16根大木柱支撑，柱础深埋地下。楠木立柱最大直径68厘米，主梁直径达36厘米。整个大殿由四纵排列木柱支撑，每排列四柱下地，周围砌砖石墙。木柱上浮雕青龙，横梁上书"国泰民安"和"福"字。脊瓦图案精美，瓦当图案以兽图为主，再配以菊花和荷花图案。整个大殿气势

❶ 中城玉皇观
❷ 玉皇观正面

恢宏、庄严肃穆，处处彰显着玉皇大帝的王者之风。

玉皇大帝是昊天金阙无上至尊，是统领诸神的领袖。有这尊神在，任何妖魔鬼怪都不敢兴风作浪。为使玉皇大帝高兴，先人们踊跃捐款捐物修建玉皇观。工匠必须百里挑一，木材必须是最大最好的楠木。玉皇至尊的塑像必须高大雄伟，且必须用纯铜。明朝时期，绥江的道教非常兴盛，这个时候，佛教尚未在此扎下根，由于朝廷和马湖府官都推崇道教，由于官方专

门设有道正司管理道教事务，所以玉皇观的修筑，不但上下齐心，而且一呼百应，可谓顺风顺水。

尊崇玉帝的同时，人们还给三清爷各自修幢别墅，玉清、上清、太清，即元始天尊、灵宝天尊和道德天尊（即太上老君）。这三尊重量级的天神，连玉皇大帝都屈尊礼让，凡人自然不能漠视。玉帝的领导和管理能力虽强，但法力还远不如三清，倘若恶魔来犯，斩妖除邪，杀鬼万千还得靠三清爷出手。

佛教兴盛后，玉清宫、太清宫和上清宫逐渐冷落萧条，最后终于在暴风骤雨中损毁倒塌。玉皇大帝5800多斤的铜像，1958年也被县农机厂打碎化铜，用来铸造轮船推进器了。

文武宫位于新滩镇建设坝，其诞生年代和玉皇观一样，都是出自明朝时期的能工巧匠之手。目前，文武宫的附属建筑已毁，只存留120平方米坐南朝北的主体建筑物。文武宫的建材全是木结构，歇山顶双重檐斗拱，四纵排列16根木柱。木柱下的柱础有方形、

中城玉皇观转角斗拱

扁鼓形和碗形，立柱最大直径为 34 厘米。整个建筑东西长 10.47 米、南北宽 9.26 米、通高 8.24 米。和玉皇观一样，均为昭通市第一批市级文物保护单位。

文武宫的东北面是马湖府，南面是香火兴盛的天宝宫，脚下马湖江边上的沙洲渔火，是龙湖十二景之一，地理位置既适中又平坦。在这里建宫，供奉文昌帝君和孔圣人，武圣关羽及岳飞，既能教化民众，又能以武兴邦，实在是一件利国利民的大好事。除了祭祀文圣武圣，文武宫还是官方的学馆，主要宣讲儒家思想，为朝廷培养文武科考人才。

明朝时期，马湖府一带的居民，夷多汉少，且部落众多，山寨林立，禁忌繁杂。稍不如意，

❶ 中城玉皇观梁架
❷ 中城玉皇观瓦当

只要头领呼啸一声,众人就揭竿叛乱,朝廷废除安氏家族世袭知府,派流官到任后,夷人的反抗此起彼伏,从来就没间断过。这种情况下,用道家思想转移民众的情绪,让大家整天沉浸在羽化成仙的遐想中,用儒家思想软化夷人的性格,让他们明白中庸之道,明白齐家治国平天下的大道理,就成了朝廷和马湖府官日夜深思后身体力行的重要事情。文武宫落成后,在教化民众,树立民众的国家意识、民族大义方面,做出了很大的贡献。由于敬畏玉皇大帝、孔圣人、关羽、岳飞,五百多年来,尽管风云变幻,尽管人事苍茫,却没人因私利,而发动民众拆掉玉皇观和文武宫的主体建筑,这既是明代建筑瑰宝的幸事,又是绥江人的骄傲。

大凡到过玉皇观和文武宫的游人,不管是在神像前叩拜,还是在房梁楹柱间叩问、考证,脑海里或多或少,都会产生这样的问题:这么大的木料是从哪里运来,又是怎样竖起来的,是谁主持了这一浩大建筑工程,在檐壁上雕花的师傅,当时有没有成家,时间过了几百年,那朵含苞的荷花,为什么一直水灵灵地俏立在江南烟雨中,任随腥风血雨欺凌,任随严寒酷暑肆虐,依然出淤泥而不染,依然历经沧桑犹带笑?

而今的玉皇观和文武宫,由于阅尽世事人情,由于惯看

❶ 建设坝文武宫石构件
❷ 建设坝文武宫侧面

凌家祠堂石柱

秋月春风，不管专家们用什么语言肯定，不管世人用哪种目光扫描，仍然一副淡定姿态。天机不可泄露，云卷云舒、花开花落都是自然定律。参不透五千妙语真言，莫来观中问道，看得穿一壑浓云迷雾，可去亭里聊天。

尘沙掩埋了历史，浪花淘尽了英雄。寒烟衰草中，只有玉皇观的斗拱、瓦当和文武宫散落的石构件，还一直深情地审视着天空。暗淡了刀光剑影，远去了夷俗蛮烟，马湖江水一直在脚底下流，阳光不时在头上游荡，跨鹤而去的主人，你如今在哪里？

壮哉，玉皇观，美哉，文武宫。我要挽彩虹雪霁为你梳妆，我要挥铜琶铁板为你歌唱。

举人进士的摇篮——凌家祠堂

祠堂是一个家族兴盛腾达的标志，它集中体现了本家族的社会地位、文化水平，以及祖先们的显赫成就。绥江有很多祠堂，比如：黄家祠堂、吴家祠堂、赵家祠堂、杨家祠堂等，众多祠堂中，位于大沙坝的凌家祠堂最为特别。

1808年，28岁的凌光斗中云南第七名举人后，全族上下都沉浸在欢乐和欣喜中，都预感凌家今后必定人文蔚起、跃鲤腾龙。由于老祠堂地窄房小，不能承载全族人的宏图壮志，经过族中长老多次聚议，最后一致同意凌光斗的建议，新选地址修建凌家祠堂。

凌光斗的建议下笔高迈，很有前瞻性。他觉得，新祠堂占地要宽，至少五亩地。房舍要高大恢宏，要精雕细刻，充分彰显书香世家的气派。祠堂的功能不只拘泥在祭祀上，还

大沙坝凌家祠堂

应有教育和集会功能。首先规划设计要一次完成,其次才逐户募捐、分批建设。

一切事情敲定后,凌光斗便在次年春天,踌躇满志地踏上了进京赶考的路途。为了祝愿凌光斗金榜题名,族人将祠堂的开工时间定在秋天的朝廷科考日。这一年是清嘉庆十四年(1809年),尽管凌光斗落魄而归,但祠堂的修建,并未因他名落孙山而中断。

新建的凌家祠堂,从1809年开工起,直到1831年才完工。这期间,由于资金问题,由于族人意见不一,曾一度停工。后来,由于凌光斗极力倡议,并拿出自己教书的钱,由于在祠堂里读书的孩子们不断有人考取秀才和举人,于是大家齐心合力,又议起了祠堂的修建事务。有钱出钱,无钱出力。通过全族人的共同奋战,几个春秋后,一座歇山斗拱的宏大祠堂终于建成了。

祠堂总占地五亩,分前、中、后三个院落,正堂做祭祀,东西偏殿和厢房做学堂,大坝用于集会议事。正堂和偏殿的建筑风格最初是川南串架。凌光斗到江西寻根问祖,拜祭先人后,又仿江西长宁凌氏宗祠的建筑,对新祠堂做了改进,糅进了长宁祠堂的风格。1829年,凌光斗提任福建汀州连城知县后,又把新祠堂的朝门,

大沙坝凌家祠堂

改建成闽南建筑风格。

凌家祠堂整个建筑风格以朝门、祭祖殿为中轴线，然后向两边铺展。院坝、房舍、长廊、楼阁造型独特，错落有致，排列有序。朝门和正殿的楹柱，为16根整石圆柱和8根方形石柱，每根石柱直径70厘米，高5—8米，全用整石凿成，每根重十余吨。石柱上刻着凌光斗的手书对联："赣水滇山，两地蒸尝昭久远；玉屏金带，满天风雨卜流长。"赣水滇山，点明凌氏家族是江西移民到云南的，蒸尝之意是祭祀。玉屏指祠堂后的玉峰山，金带是前面的金沙江。该联的寓意是凌氏家族有辉煌的家族史，有得天独厚的风水宝地，新祠堂落成后，定能光耀祖宗、世代流芳。

凌光斗的对联，绥江凌家祠堂有六副，江西长宁凌氏宗祠有一副："溯双江支派，源远流长，犹忆东土分封，德泽竟沾滇海；仰六印宗风，行成名立，敢谓南闽作宰，声价遂重连城。"东土分封和六印宗风，都是凌氏先人的辉煌事迹。绥江文史专家朱明先老师认为，凌光斗此联虽对仗工整，但内容全是夸耀祖宗和自夸之言，对其家族有价值，对世人却价值平平，唯有其诗才是绥江的瑰宝。

凌家祠堂建成后，除了祭祀和集会，教育成了其主要功能。教书先生的薪俸和学生的书本费，由祠堂地产收入及家

凌家祠堂门窗雕刻构件

道殷实者捐赠。此外，每年清明会的结余，也用于教育。自凌光斗后，凌家族人倡导儒学，尊师重教，发奋读书，专心科考，到清朝宣统年止，从祠堂里一共走出增生、贡生、秀才、举人、进士、学正、教谕、知县、知府共72人。

中华人民共和国成立后，凌家祠堂一直作为大沙小学的教育场地，直到2000年后，祠堂以其独特风格，被昭通市人民政府列为第一批市级重点文物保护单位，大沙小学搬出后，祠堂才闲置。

南岸月儿池残存池壁

千年不灭的远航梦：从月儿池到铜船码头

如果说马湖路治废墟，只是用来抒发思古幽情的话，那么两公里外珍珠坝的马湖水利工程月儿池，就是历史与现实的对接口。月儿池是平川大坝中升起的一轮上弦月，被精心雕琢成一张一触即发的弓箭，池身是弓，池中那座三拱石桥和桥头土堆是箭，与金沙江对岸的老鹰山，演绎着"弯弓射大雕"的传奇，与大河沟的土牛摆放成犀牛望月的美妙图景。

月儿池建于明成化年间，"弦"长约120米，"箭"长约50米，库容量1.2万立方米，五百多年风雨兼程，依然恢宏，依然迷人。珍珠坝至今流传着关于月儿池的传说：很久以前，在坝中央溶洞里的那头钟乳母猪石是有灵性的，每当夜深人静时便会带着猪仔出来拱地，大凡拱过的地方，庄稼收成都十分好。然而，好景不长，不知从何处飞来一只老鹰，盘踞在金沙江对面，经常衔走小猪。于是，庄稼收成越来越差。后来，土司安鳌设计，征发夷汉人民修筑了像弓箭状的月儿池，用之射瞎凶鹰一目，不可一世的它哀啼着，仰面扑向金河，化为绵亘十里的老鹰山。为纪念母猪，该坝便以"真猪"命名，后雅化为珍珠坝。

月儿池的传说及建筑，反映了明代中期珍珠坝及整个绥江的民族状况。据史料分析，当时的绥江，为日后融入彝族和汉族的马湖蛮聚居区，以土官安氏为首的马湖蛮是统治民族，而随着明初王元寿将军远征平夷，汉族也渐渐涌入，总体情况是夷多汉少。"母猪拱地"印证了当地少数民族成分，《华阳国志·蜀志》记载今属彝族地区的元谋县，"有长谷石猪坪，中有石猪，子母数千头。长老传言：夷昔牧猪于此，一朝猪化为石，迄今夷不敢牧于此。"在与汉族的交往中，当地的农耕技术有很大提高，需要这么大，而且筑得这样规范的人工水利工

程说明了这一点。月池桥具有明显的江南水乡桥梁风格。

月儿池设计的科学性是值得称道的。珍珠坝是绥江四大坝子之一，土地平坦，适宜耕种，但境内只有大河沟、小湾沟等小而又小的溪流，农业用水矛盾突出。月儿池正好位于大河沟与小湾沟中间，临大河沟侧至今尚存取水渠道残迹，水渠旁有一块土地名"过水丘"，"大跃进"时，村民还使用此水渠取水，在池中种冬水田。近水而筑，自然合理。同时，月儿池之所以筑成半月形，也有因地制宜的考虑。根据此处地形，既要尽可能多地蓄水，又要顾及水源，还要少占平地，半月形莫过于最佳方案，并不只是风水观念的驱使。

从美学角度讲，和谐即美，月儿池以它自身优美的形体与周围的自然物，再添加以人文气息构成的景观，委和谐洽。作为"弓箭"，它与老鹰山隔河对峙，抒发着"弯弓射大雕"的豪迈气概；作为"月亮"，它与大河沟上游逼真的卧牛造型，组成一幅动人的犀牛望月图；作为水池，它与池边的巨石古树（已毁）同为清秀文雅、磅礴大气的山水盆景。池中镌刻着"珍珠马乐"的马儿石，及离池不远的珍珠洞

月儿池风光

里的母猪石，更播撒着一种安静而和平的农家乐。方圆不及一里的区域，阳刚与阴柔、率直与隽永，如此随意又如此有序地集合在一起，我们不禁要为武夫安鳌延聘的那位哲学兼美学、兼旅游大家的设计师叫好。

如今的月儿池早已变为农田。其枯水时间最迟不晚于清雍正初年，土著的王氏和迁入的吕氏、锺氏均未有口碑传承与文字记载。此项工程的废弃，兴许是那时的云贵总督鄂尔泰，在滇东北地区武力推行改土归流造成人口剧减，生产力遭受浩劫的结果。清末民初客籍塾师刘伯墉先生有诗云："桥卧月池水色清。"不过是描写月儿池里的水田风光罢了。

月儿池下面的金沙江是含金的，这金不是那混入无数沙粒中的沙金，而是她提供的航运。从武侯"自安上由水路入越巂"，到唐宋"浮木塞江"，再到明清采办"皇木"，直至清代京铜航运，金沙江贡献尤多。明正德、嘉靖、万历，清雍正时期都曾廷议开通金河航运。乾隆五年（1740年），云贵总督庆复等人在上奏朝廷前做了可行性研究，两次派航运专家自巧家蒙姑到宜宾进行踏勘，并扎木排装载石块试运，取得成功。乾隆帝大喜，说："朕实为此事廑念，览奏大慰朕怀矣。"凿通长1300里的金沙江昭通府段于是年开工，八年后告竣。清乾隆十三年（1748年），注定要为绥江人所铭记。质优量多的"京铜"——东川、昭通铜以每年120万至157万斤的规模，源源不断地由永善黄草坪起航，是世界上最长的内河航运，入长江逆京杭大运河，在通州登陆转运北京，铸成钱币。一天不能到达，途中自然要停靠，地理位置适中，风平浪静的铜船码头便是其中新辟的一处。

恕我直言，我以为绥江冠以码头、港口名号的地方，唯有铜船码头最具风采，最能启迪心智。当代的云南、昭通地方史资料往往胡说什么绥江港、水富港的建成，结束了"金沙自古不通舟"的历史，让金沙江两岸的居民笑掉大牙，也让铜船码头十二万分的尴尬。其实就是上面所引的这句诗，也是东川府参将缪弘在乾隆初年重开金河航运时的表功之作，至今仍存于巧家白鹤滩的峭壁上。

  向家坝水库淹没前夕，铜船码头还剩的几个当年拴船用的索鼻，昭示着它昔日的繁忙。据说原来共有48个（一说108个），47个就石凿成，最末一个是用京铜铸就。固定一艘大船，需要头缆、侧缆和尾绞这三根缆绳，分别系在三个索鼻上，几艘船的尾绞可同时系在一个索鼻上，这样看来，48个索鼻，至少可拴16艘船。我们可以设想：两百年前，"舳舻相接，欸乃之声应山而响"，那种专门用于金河运铜的夹瞅秃尾中船，载着三四十吨顶好的京铜，在这条曾经桀骜不驯的江流上穿梭。夜宿铜船码头，一轮明月，半江渔火，几缕清风，和着金河船工号子，那些操南腔北调的官吏信步走下船头，在沙滩上低吟："想佳人，妆楼颙望，误几回天涯识归舟。"

  京铜航运是不会有"轻舟已过万重山"的欢快的，沿途63处险滩是残酷的考官，江边杀人越货的"卢鹿蛮"也着实让押运者提心吊胆，皇帝的东西岂敢弄丢！可怜的绥江人民及其长官——副官分县县丞就遇到这晦气的事。乾隆四十三年（1778年）铜船在境内大汉漕滩沉没，落实责任制，当由管理大汉漕至屏山新开滩段航务协运官，即副官村县丞负责。小小的副官村既无力打捞，又无力赔偿，县丞朱朴投江自尽。无能的鼠目寸光的幕僚们耍起拙劣的无赖手腕，说永善与副官的分界线应是原马湖府与乌蒙府的边界——二十四岗，由是大汉漕当在永境，理应由永赔偿，要求省府裁决。结果是赔了夫人又折兵，不但严令如数赔偿，还非正式地"重岗二十四划边疆"，后任周鑑不得不按里派银，大里120两，中里100两，小里50两，15里共计1180两，好几年才赔清。现在有的文字说绥江无力赔偿，由永善代赔，作为交换，绥江割出桧溪十属，以二十四岗为边界，割地赔款成了卖地赔款，不指责朱朴幕僚的无耻，却将自强的绥江人置换成败家子，似乎不妥。

金沙江航标

大桥别墅一角

桀骜不驯的金沙江可以打翻航船,可以吞噬生命,但它不能征服绥江人驾驭风浪的意志、航向远方的梦想。从竹木排到帆船到机动驳壳船,一代又一代绥江人从铜船码头、从绥江港起锚,鸣响汽笛,劈波斩浪,驶向宜宾、驶向重庆、驶向武汉、驶向上海……绥江航运人开辟了中国最长的内河航线,"绥航二号"船长杨玉如荣获了"明星船长"的殊荣,澜沧江—湄公河国际航道上亦常常活跃着绥江水手矫健的身影。

现如今,因向家坝水电站建设,金沙江嬗变成金沙湖。站在岸边,仍然有一种感怀之情瞬间袭来,感怀扬帆起航,感怀舳舻蔽日,感怀抛锚与续航。

见证赣闽滇川人文风情的四合院落

丰衣足食后,紧接着的大事就是住所的改善。绥江人的观念中,阳宅和阴宅同等重要,不论活人住宅还是死者住宅,都要讲风水和文化。这既是家族兴旺发达的标志,又是一个地方人文风情的集中体现。

峰顶山朱家院子局部

在传统观念里，宅运与命运息息相关。一命、二运、三风水、四阴功、五读书之说，牢牢镶嵌在绥江人的心中。所以选择住宅地时，先辈们首先要看大环境，要避开阴气、煞气较重的地界，然后才用罗盘锁定房屋的方位，设计布置院落的格局和式样。院落的大门如一个人的鼻息，吞吐着整个家族的命运，大堂和灶房位置关乎着人丁兴衰，所以略略懂得坐乾向巽、坐乙向辛知识的人家，都要在自家阳宅风水上花一番功夫。

绥江的四合院群落，除了县城的九宫十八庙，其余有名的，还有牟村凌家院子、建设坝周家院子、峰顶山朱家院子、石溪王家院子、南岸锺家院子、后坝曾家院子，以及大鹿溪鹿砦幽居。这些院落，有的石木结构，有的全木结构，有的泥石木混合结构，虽然其风格整体上以川南串架为主，但是内室的式样，石雕、木雕的内容手法，正堂家祭香火的堂号、渊源却各不相同。有的保留客家风格，有的延续清白传家祖训，有的

标榜祖上丰功伟绩，有的谨遵三让家风。各个家族独特的生活观念和习俗，一系列完整的婚丧仪式、处世方法、为人准则、农耕经验，经过长时间的相互碰撞，相互认可和取舍，最后形成了绥江风格的人文风情，也就是绥江文化。

在辛苦劳碌的尘世上，在兴衰成败的热梦中，有一个环境优雅、坚固安全的栖身场所，对于刀耕火种时期的前人，这无疑就是神仙生活。若以此而论英雄，清朝嘉庆年间朱友贵当属豪杰。朱友贵带着族人和仆人，从福建移民至峰顶山后，一面开山种地，一面就地取石料，大建庄园。朱家院子占地极广，不仅双朝门，多重院落，而且双溪环绕。修建中，朱友贵以福建土楼为基础，巧妙融入川南建筑风格，既有精美的石木雕刻，又有恢宏的庄园气派，更有防火防盗的特殊功能。这种随山取式，且用条石把左右两条溪沟全部加固美化的浩大工程，在绥江还是首屈一指。朱友贵一生娶了程氏、罗氏、郑氏、周氏四位夫人，那种娇妻美眷相随，雕窗画壁翠柳修竹相伴的优雅生活，不但两百年前惹人艳羡，而且至今仍散发着诗情画意，令我们遐思。

说到诗情雅韵，锺秀珊先生的故居，南岸大桥别墅应称第一，秀珊先生是名儒刘伯墉先贤的得意弟子，也是绥江教育界、文学界的名人。大桥别墅建于民国时

❶ 张氏石房子远景
❷ 石房子石雕局部

四合院风情

期,砖木结构,屋旁有碉楼。从地理因素与建筑工艺上看,此屋没什么奇特处,它的名声来源于锺廷椿先生的《大桥别墅记》。世间之物本来一样,无甚差别,一旦蘸上文人的墨水,那就与其他物品拉开了距离,这就是文学的力量。锺廷椿先生说大桥别墅:"山不高而平旷,地甚腴而肥沃,前濒金水,后倚山麓,修竹千竿,松柏三五,芭蕉百余,本橘树数十株。"试想,在这样一个毓秀钟灵的居所读书、悟道,屋主人怎会不沾仙灵之气,何况秀珊先生能诗能赋。每当园中花放,他或置酒筵宾,或张灯召客,或品松论棋,或镂月雕霞,这种陆地之神仙生活,完全可以与王维居辋川、司空图隐王官谷比幽静和闲适。

同样有名人题咏,和大桥别墅相比,大鹿溪的鹿砦幽居却命途多舛。清朝同治年间,县城王某家道殷实,田产甚广。丰衣足食后,为进一步提高居住环境,王某便在大鹿溪择地修造别墅。王氏是绥江的大姓,是明朝平夷大将军王元寿的后裔。修造别墅时,王某遍请风水名师反复定位。在幽静、坚固的基础上,为了给别墅注

入文化元素，王某还礼请族弟、庚午科举人王光煦，亲自题写了"鹿砦幽居"四个大字。别墅建成后，就在王某准备热热闹闹搬家时，一句从黑巷子中飞出的流言，挟带着市井之徒的恶毒诅咒，响箭般穿入了屋主人的耳鼓。流言说，鹿砦幽居的风水和命名都犯凶煞和大忌，居住环境复杂本就阴气笼罩，命名上再加上一个幽字，岂不阴上加阴成为鬼宅。

王某听此流言，知道自己撞上了世俗凡人的阳口阴风，于是便放弃鹿砦幽居，将其作为长工的住所，以及存放粮草、杂物之地。中华人民共和国成立后，鹿砦幽居由人民政府分配给康、杜二姓人家居住。据当地人讲，居住在此的人，命运和前景都不乐观，有的夜半重

鹿砦幽居

复做噩梦，梦见一披头散发的女子拼命驱赶自己，有的半途夭折，有的意外死亡。目前，幽居里的最后一个住户杜某已于前年死亡，只有搬出寨子的人家尚有人丁。

　　昔日繁华，而今一地残花，徘徊在空无一人的幽居周围，看饱经风霜的石围墙，赏精美大气的壁画，听杂树幽篁里凄婉的杜鹃声，笔者心中油然生出许多感慨。鹿砦幽居，一个文化含量极高的别墅命名。究竟有何问题？一句不祥之词，鬼魅般飘进人们的心魂，阴森森吓得壮士止步、英雄折腰。富得流油，一定招人嫉恨，舌头搅起的阴风，从同治年吹起，百多年后，一直孤魂野鬼般在幽居周围飘忽。迷信和科学，虽一纸之隔，但没人敢去戳。其实，很多事均为巧合，康、杜两家人的遭遇，有天灾，有人祸，也有牢牢飘忽在灵魂深处的阴影。事实面前，难能唯物，也难唯心。断垣残壁上，只有张网捕蝉的蜘蛛不信邪。

　　和占山之阴的王某相比，山那边的张希顺，在修房造屋的理念，以及长远考虑上，可谓棋高一着。而今，在与大鹿溪一山之隔的农业村25组，一座除大梁、木椽、房瓦外，其余全部用条石、石板、石柱镶嵌而成的石房子，巍然矗立在众山之巅。这座乾隆五十三年（1788年）修造的古石屋，虽经两百多年风雨雷电侵扰，除小部分基石因地震略略下陷，大部分严丝合缝，品相极佳，完美地向世人展示着独特的历史研究价值，以及艺术鉴赏价值。

　　张希顺祖籍河南清河县，祖上先迁湖北麻城，再随湖广填川潮流定居绥江。修建石房子前，张希顺和弟弟张希成意见不一，希顺认为石房子坚固长远，希成认为木房子快捷简单，由于意见不一，兄弟俩最后各按喜好建房。事实证明，张希顺的确有与众不同的眼光，首先，他占山之阳建房，考虑了采光、防洪因素，堵住了人们舌头上的阴风。其次，用石头做材料，又解除了盗贼、火灾隐患。

石房子坐北朝南，镶嵌艺术和雕刻艺术相当有价值。不但所有花窗用整块石板镂空雕刻，而且石料的镶嵌接口，大多以川南斗板壁房为风格，所有穿斗接口或凹或凸，精巧细致，严丝合缝，与整座房屋浑然一体。

石房内除了花鸟虫鱼、丽人采桑、挑灯伴读等雕刻图案，还有"岩阿石壁清河宅，出耒入经处士家"的对联。岩阿，是山的曲折处，石壁指刚建的石房子，上联意为新房有清河老宅遗风。耒是一种农具，出门劳动，回家读经史及圣贤文章，这显然是耕读之家。2004年，石房子被列入昭通市重点文物保护单位，云南省文物处考古专家们认为，石房子建筑风格独特，在云南境内罕见，完全可以申报为省级重点文物保护单位。

古民居是先辈的艺术修养和智慧结晶，是绥江人文风情的集中体现物，是各种文化相互交融、共同发展的标记。可惜的是，20世纪80年代以后，

四合人家（师茂材故居）

由于兄弟分家，由于新式楼房的诱惑，许多人家拆掉老宅，既把珍贵的木料当顶木、模板使用，又将古朴庄严的院落分割得面目全非。众人住进新修的楼房时，没人为老宅惋惜，没人知道自己毁了祖宗的心血和智慧，断送了家族文化。这种捡芝麻丢西瓜的傻事，而今依然有人干得津津有味，甚至轰轰烈烈。

另一个世界的琼宫瑞阁

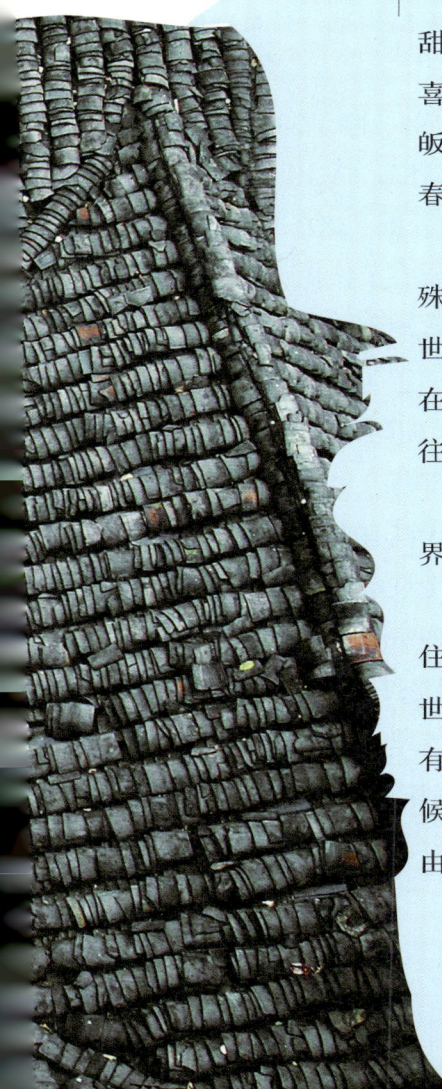

静静地躺在地下，孤独地仰望星空。暴雨惊雷唤不醒酣甜的美梦，狂风闪电荡不开封印后的波涛。不为门前春归而喜，不因屋后花落而悲。一梦千年，您的灵魂，而今在何处皈依，知否二十四桥明月夜，忆否烟花三月下扬州。一样的春花秋月，不一般的玉宇琼楼……

对于居住在另一个世界的先祖，所有人心中都有一种特殊感情：近在咫尺，远在天边，同居一块地盘，却相隔两个世界。时间过了几百年，远去的亲人，您如今在哪里，是否在安养国，继续着生前的奢华生活，是否在大罗天，一如既往地密切关注和掌握着后代子孙的命运？

生死这个谜题，玄之又玄，没人破得了，阴阳间的那个界，虚无缥缈，没谁打得破。天要收你，任何人都别想逃。

人死为大，入土为安，既然留不住富贵荣华，既然挡不住春风秋雨的摧残，既然生前没享受一天福，那就去另一个世界享乐吧。也许天那边没有忧没有愁，没有凄风苦雨，没有绿肥红瘦。也许望乡台外，仆人们备好马车，早已列队迎候在朱漆门前，故人们聚在云天里，正等着自己举杯发话呢。由于每个人都留恋生前的繁华，都对另一个世界充满猜测和

① 峰顶山朱友贵墓
② 关口太学生墓

憧憬，所以对墓地的选择、墓室的修筑、随葬品的多少等问题都相当重视。这是一件关系着子孙们繁衍生息，关系着死者上天入地的大事，不能草率，不能吝啬。

最先出现在绥江这块土地上的墓葬，除了酒坊沟秦汉土坑墓外，还有金银山及燕子岩的东汉岩墓。从出土的剑、斧、钺、矛、半两、五铢、陶器等随葬品分析，这个时期的先民，既对另一个世界充满着幻想，又对风水有了朦胧认识。把先人葬在高处和岩壁上，不但可以避开洪水冲刷，而且还能免除虫蛇侵扰。

元明时期，绥江及周边的居民，被朝廷称为"马湖蛮"。马湖蛮是一个游离于夷汉之间的特殊部落，用现在的话说，就是汉化了的夷人、夷化了的汉人。由于既有夷人血统，又有汉人习俗，所以他们的墓葬别具一格，令许多专家学者头疼。马湖蛮的墓穴，全部深埋地底，有的三四室合葬，有的六七室合埋，墓穴内的石板、石条、石门、石龛打磨平整，雕刻精细。尽管墓室相连、门洞相通，一派琼宫气象，但所有墓室均无文字记录。这种不为自己树碑立传，不与活人争抢地盘的奇风异俗，着实让后辈们肃然。

❶ 发掘豆腐石湾石室墓群现场
❷ 老坟包石室墓内部

　　夷坟广泛分布在金沙江下游一带，现在的人管它叫石室墓或深基。深基深三米，每个小墓穴宽、高均为一米，极少独墓，大都多个穴室相连。整个墓穴上面全用巨石铺顶，顶上覆土种庄稼，下面的构造不论石墙、石壁、石床、石门均为精心打磨的上等石料。2007年3月至5月，云南省文物考古研究室，在会仪镇黄坪村石龙豆腐石湾，发掘清理了12座深基。深基的封顶有平顶、圆顶、拱顶和覆斗顶。所有深基全部用巨石扣砌，有的石料重达三四吨，墓室内刻有宝椅、房屋等图案，可惜没有文字。宽大的棺床上铺有木炭，棺钉、棺木大多腐烂，棺内人骨散乱，没有头骨，没有双手、双脚指骨，更没有随葬品。由于无文字可考，考古队只能初步判断这些石室墓属于元明时期，是史料记作马湖蛮的少数民族墓葬。

　　马湖蛮为什么选择土葬而不用火葬，他们费尽心思和力气修筑的石室墓，因何种原因而舍弃，是天灾，是人祸，他们去了哪里，而今是否还有后代遗存？种种谜团，史家不解，凡人不知，朦胧了历史，暗淡了真相。芳草萋萋，没人挂一束纸钱，疼痛地呼唤一声先人。岁月在一次次战火中消亡，江风卷走了伟岸的阿哥，冰雪封印了窈窕的阿妹。而今，马湖江水依旧向东流，然而却没人听得懂深基里悲欢离合的吟咏，没人说得清那段岁月，那些马湖蛮们力拔山兮气盖世的传奇故事。有人说，越接近宜宾方向的石室墓，雕刻越精美，汉化程度越高，马湖蛮们学会了汉人的石雕手艺，却学不

铜厂二十四孝墓（杨宗金夫妇合葬墓）局部雕刻

到高深的文字，所以他们的墓室没有任何记录。有人说，马湖蛮彪悍善斗，经常与天兵对抗，朝廷为了稳固政权，不断派兵平夷，最后把马湖蛮全部赶进大凉山。马湖蛮兵败后，背井离乡时，呼天抢地的掘开先祖墓穴，将先人们的头骨、双手、双脚指骨及随葬品，小心翼翼地收好，一路哀号而去，从此再没回来，只留下空空的墓穴，长年累月孤立在荒郊野地，无助地叩问苍天，叩问被赶走的原因。推断和猜想，孰假孰真，虽无意义，但却给人们留下了遐想空间，因为随后占据这块土地的人，全都是湖广填川的汉人，对苍茫与寥远，且无文字记载的历史，笔者只能推测和演义。

向家坝电站蓄水后，沿江一带的石室墓虽被淹没，但绥江境内仍有大量深基存在，六室相连的田坝深基和七室相连的良姜深基，已列入县级重点文物保护单位。

改土归流和湖广填川后，由于客家文化、荆楚文化大量涌入绥江，于是以后的墓葬文化，便从地下上升到了地面。为了光宗耀祖，为了发达腾飞，家道殷实者，不惜花血本，在祖宗及自己的坟墓上做文章。首先是吉地和风水佳穴的选择，这个时候，绥江的风水学，已从元明时代，马湖蛮简单的避水、避虫蛇鼠蚁，上升到了五行、八卦、天文地理高度。阴宅注重龙、穴、砂、水，倘若，龙真、穴准、砂环、水抱几个条件均备，且墓穴方向无误，便是难得的佳穴。为了找到百鸟朝凤、野鹿衔花吉穴，为了让后代子孙们封侯称相，许多人家花重金，聘请风水师，从乌蒙山顶依次往永善五莲峰、绥江一带，用几年时间在生气凝聚的山脉中，辨真龙、点吉穴。这是一项耗时、耗力、耗钱财的秘密工程。风水师除了守信、保密，还要对天发誓不起私心，否则断子绝孙。

吉地选好后，接着就是坟墓的建造，石料必须最好，工匠必须一流，牌楼的设计，必须高大雄伟。楹柱、门楣、碑石等石料除精心打磨外，还要用纯银细磨，这样，任凭风霜暑热侵蚀，佳城永固，富贵长存。绥江清代早期墓坟的牌楼设计，湖广一带的移民和福建一带的移民，各有其文化和理念。福建一带的移民，尊重

❶ 桂花奉旨旌表节孝袁母吴氏墓

❷ 豆腐石湾石室墓

客家文化，多以猛虎下山取样。墓碑和拜台均低于后山，坟尾全部没入泥土，与俯冲而下的山势融为一体。南岸锺嘉兴夫妇墓就是其典型代表。湖广一带移民的坟墓则不然，其牌楼不但高大，而且均高于坟尾。这种彰显富贵、昭示久远的风格，以后成了绥江墓葬文化的主流。

前期工作就绪后，接下来最重要的一环，就是请名家书写墓志铭、碑文、楹联和门楣，以及画飞凤祥龙、花鸟鱼虫的图案。这项工程既拼实力，又拼文化和地位，如果请来的翰墨丹青高手，是名动四方的举人或进士，那主人家不是达官就是显贵。由于地势偏僻，一直以来，绥江境内都没有出现大人物，除凌光斗一家受过皇封外，其余的乡绅，都是皇清例赠和待赠的八品虚职。这种有名无实，且花银两买来的荣耀，除了在贫苦人家面前显摆，其余则一文不值。

绥江境内最具风格的牌楼墓葬，一是清同治四年（1865年）关口乌泡溪太学士吴秀达墓；二是嘉庆十五年（1810年）峰顶山朱友贵及其四位夫人合葬墓；三是道光十三年（1833年）夫人坝正八品修职郎周世奇墓；四是乾隆六十年（1795年）铜厂蒋宗文夫妇合葬墓；五是光绪十二年（1886年）铜厂杨金宗夫妇合葬墓；六是光绪十年（1884年）桂花奉旨旌表节孝袁母吴氏墓，此墓是绥江境内唯一的奉旨旌表节孝墓，上有乙亥科举人王世义的题额。关于节孝旌表，绥江还有一处牌坊，清乾隆四十七年（1782年），凤池坝杨牟氏24岁丧夫后，矢志不嫁，侍奉公婆、抚育儿女的事迹，经县衙上报朝廷，被获准立牌坊旌表。以上墓葬占地均数百平方米，拜台全是石板，长度均为4米以上，封土的宽和高都是3.5米至4米之间。牌楼正面的对联碑文不但文采飞扬，而且书法功力遒劲，花鸟人物，武功招式，二十四孝图雕刻得栩栩如生，让人流连忘返。

肃立墓前，吟着"青山千里外，皓月五更时"的佳联，笔

者禁不住神思，沿着蛙鸣如鼓的小径，一路追寻着先人的行踪，不知不觉就洞穿了阴阳之门。隔着被风雨打湿的岁月，折一枝几百年前的翠柳，我一直没走出汶水金沙的吟哦，一直在家乡的脉络里游弋，迷茫中，隐约听到桃花林里有人娇笑，有人甜美地呼唤我的乳名。

把竹文化编织进日常生活——绥江竹编

金沙江边矗立着一座新城，新城后面是一片茫茫的竹海。在时间的岁月中，与竹为伴的绥江人用勤劳的双手，编织着幸福的生活。小到竹扇，大到竹篁，几乎家家离不开竹子，也正是因为与竹结缘，集传统工艺和现代工艺为一体的手工艺术——金江竹编这门历史悠久的技艺，才得到传承和发展，形成文化。

绥江历史上广种竹类。据明代嘉靖《马湖府志》记载，绥江境内的竹种类众多，有罗汉竹（筇竹）、刺竹、实竹、水竹、筋竹、苦竹、慈竹、葫芦竹、斑竹等品种。绥江竹制品的历史悠久，丰富的竹资源是勤劳智慧的绥江人民开发和利用的宝库，经专家考

牌坊局部

竹林深处有人家

证,先秦时期的"节杖"和《汉书·张骞传》记载的张骞,在大夏见到筇竹杖就是绥江及其周边地区(陆游称为"徼外蛮峒")人民开发的竹制品。民国《云南省绥江县县志》载:"篾匠用竹制具售卖者二十余家,工人百余,销本境外,并运销邻县。"晒簟、挡折、箩箕、背篼等竹编农具盛行。1954年,县城成立竹器小组(后更名为竹器社),生产篾索、箩篼、撮箕、潦箕、刷把等制品。

"宁可食无肉,不可居无竹。"绥江人种植、利用竹子,不仅极大地方便了日常生活,是人们改善生活的物质财富,而且逐渐浸润人们的精神文化之中,其不畏逆境、不惧艰辛、中通外直、宁折不屈的品格成为人们取之不尽的精神财富。

竹子高大,生长迅速,竹茎挺拔、修长,四季青翠,傲雪凌霜,备受中国人民喜爱,有"梅兰竹菊"四君子之一、"梅松竹"岁寒三友之一等美称,自然备受文人墨客喜爱。绥江文化人嗜竹咏竹者众多,清咸丰年间贡生、曾任沾益州学正的凌琢章,即善画墨竹,作有《画竹三章》;清末民初的张垣斗,字文瀚,号铁汉,其书画继东坡之笔意,有板桥之遗韵,世

❶ 绥江竹编参加第九届中国竹文化节暨四川省首届国际竹制品交易博览会

❷ 竹编培训

人喜爱，求者无数，甚至远传到了日本；曾任绥江县文化馆馆长近二十年的凌明先生，系云南省美术家协会会员，一生爱竹、画竹，师法著名画家王晋元和张蒲生，其画风严谨中见潇洒，婉约里显豪放，已成为人们收藏的抢手货。

和绥江竹子有关联的将军，是共和国上将阎红彦，1966年，云南省委第一书记阎红彦视察绥江，指出竹子生产花工少、价值高、一身都是宝，要种植、开发、利用好竹资源，希望绥江成为竹子世界，在昆明见到绥江竹器产品。也许，阎将军不知道，岂止昆明，绥江的竹产品早在两千多年前就出现在阿富汗、伊朗一带。遗憾的是，阎将军也未能等到绥江盐渍的罗汉笋远销日本等国家。

2012年，国家重点工程向家坝水电站建设，不仅撵走了世代生息在金沙江的6万绥江儿女，也淹没了那一窝窝、一片片顶天立地、栉风沐雨的竹林。失去土地的村民有的选择外出务工，有的选择在新家继续与竹打交道。

❶ 立体竹编
❷ 平面竹编

时下，在绥江，不经意间遇见的一位毫不起眼的四十来岁的大叔，或者二十刚出头的姑娘，他们一双巧手翻转耍弄着一把小刀，庖丁解牛般轻松熟练，令你啧啧称奇、赞叹不已。选一年以上优质天然慈竹，经数十道独特工艺处理，制成细如发丝、晶莹透明、不腐不蛀的竹丝，以"经""纬"穿梭为主线，用挑、压、破、拼、提等纯手工编织技巧，通过虚与实、明与暗的变化，将名山名水、花鸟鱼虫、名家书画等跃然于竹上，形成一幅幅清秀淡雅、神形酷肖、栩栩如生、立体感强的竹编画，让人眼前一亮。

也许你并不知道，这位大叔或者姑娘，一年多前，他们握竹编刀的手握的还是锄头、镰刀。移民搬迁，使他们的生产生活方式发生了天翻地覆的变化。昔日，他们以辛勤的汗水耕耘春夏秋冬；如今，他们把竹文化编织进生活，用精细的竹编编织幸福。

竹编是一方文化，更是一门精湛的手艺。在画中，竹丝篾片粗细并茂，细者，每寸排列竹丝150根，编织光洁，薄如蝉翼；粗者，浑厚豪放，工致质朴，其间的一横一竖、一来一往考验着手艺人的耐心。在巧夺天工之下，竹编或祥兰，或瑞菊，或人物，或走兽，或山河，或大地，或写意，或写实，既有大气磅礴之作，又有小而雅致的精品，展现着古老和现代文明的悠长韵味。

近几年，绥江竹编将传统手工艺与现代科学技术相结合，生产了《隐形观音》《百寿有鱼》《云南十八怪》等系列精编竹编工艺品，既保持了书法艺术和国画的韵致，又充分体现了传统竹编艺术的风格，是艺术创作和艺术再创作，享有"艺术中的艺术"之美誉，极具收藏价值。

其实，绥江本如画，竹编更添彩。我欣赏金沙江边的竹海，更赞叹编者的技艺与执着，是他们，让竹文化根植在了每一个绥江人心中。

中村一角——白云生处有人家

中村——古驿道的歇脚点

没有比人更高的山，没有比脚更长的路。都说行者无疆，再牛的行人也有歇息的时候，再远的路程，天黑时也要找个落脚的茅店。马非赤兔，人非神行太保，能日行千里、夜行八百的既非凡马，更非凡人，何况还有负重，还有买卖交易，所以古驿道上的驿站，大多间隔五六十里路。中村，就是三尺古道上一个重要的歇脚点。

中村位于绥江县南部，以古驿道里程计，北距副官村（今绥江县城）、东距板栗坪、南距楠木坪（今永善大同乡）、西距哪哈坪（今永善青胜乡）均60华里，故而得名中村。

中村群山环绕，地处茫茫林海之中，明、清、民国时期均为热闹乡集，因其居于三尺古驿道重要节点（今国道213线）而又相对

二十四岗山间小溪

闭塞，其乡集得以一直保留，现每月逢农历初一、初四、初七赶集，仍是绥江最为热闹的村级集镇。

中村老街位于旧时绥江出境大道之上，是古驿道上的一个重镇。自清朝雍、乾年间开始繁荣、热闹起来，一直兴盛了好几百年。

中村集镇发展到鼎盛时期，形成了长公里许，宽六七米的街子（现在的老街）。街道两旁，椽架房屋鳞次栉比，居住着数百户人家。单邓氏家族所居上、下两院，即有46个天井，雨天，从下院走到上院也不会湿鞋。街两头设寨子门，象征而已。该地民风淳朴，夜不闭户，路不拾遗；山清水秀，人杰地灵；商贸繁荣，百业兴旺，商贾云集，人才荟萃；三教九流东奔西走，贩夫走卒南来北往，夷汉杂居，官民共处。虽非世外桃源，倒也其乐融融。

方其盛也，论商贸流通，仅叙州府（今四川宜宾市），即有二十余家商号在中村开设分号，或曰银山，或曰鸿盛，贩盐卖布，收笋购茶，使生活用品得以进农家，山珍野味赖以出深山。论工矿采掘，则有舀纸、采煤、炼铁、冶铜、铸锅……清乾、嘉年间，中村街上有纸槽四十余架，加上水竹坝、石板溪、山羊溪等地共百余架，虽设备简陋、工艺原始，其所产细川连纸和府川连纸等文化用纸，却闻名遐迩。民国期间造纸益盛，中华人民共和国成立前稍减（1956年公私合营，成立造纸生产合作社，后改名中村纸厂，1971年迁县城西郊与县国营糖厂合并，更名为绥江糖纸厂）。境内多有煤、铁、铜、石灰石等矿。或采煤以供炊爨，或冶铜以造饰品，或炼铁以铸犁铧……采铁业盛时，一天可以进一大宝（大锭银子），县知事某欲以其位换一铁矿而不可得，后经高人指点，建一塔破坏风水，致矿洞塌方，死数十人（今中村仍有塔湾、老厂湾、铁厂坝等地名可证）。论吃喝玩乐，则有山珍佐酒、戏曲娱目。谁云旅途寂寞，此地堪比温柔乡，漫道人生艰辛，何处不是安乐窝？每逢赶集（农历每月初一、十五），街上红锅馆子里熬汤的香味，在四周山头上都能闻到，来赶集的人们疲劳顿除、食欲大增，脚下行程也不觉加快了三分。万寿宫、禹王宫戏楼锣鼓叮当，响彻长夜。生、旦、净、末你方唱罢我登场，看帝王将相砍砍杀杀，演才子佳人卿卿我我。万寿宫建于乾隆二十六年（1761年），有戏楼及宫墙院门，中华人民共和国成立后在一次塌方中被毁。另有文昌宫、老君庙、关羽庙、宗族祠堂等，无不雕梁画栋、勾栏涂墙。关羽庙中关羽像高丈余，执刀抚髯，栩栩如生；老君像寓庄于谐，似笑非笑，越看越笑。其余酒楼饭店、茶座旅馆、庙宇祠堂……不可胜数，岂能悉记。

中村商贸既盛，经济繁荣，自当人文蔚起，鸾翔凤翥。其西南隔河高山，三峰矗立如笔，寨南一塘，外方内圆，恰似一砚，原来地灵人杰。其地出过绥江第一任学董、中铜镇长、县参议长、宜宾地区参议员等人物，邓氏祠堂联即可管窥一斑："留些正气存天地，做个完人对祖宗。"又曰："无富色，无贵色，无学问色，方成上品；有书声，有织声，有儿女声，才是人家。"

20世纪中叶，革命风起云涌，天翻地覆慨而慷，中村风光不再。又逢"破四旧"，清匪反霸，割资本主义尾巴，更遭十年浩劫，民房、庙宇、宫馆、楼台、祠堂悉被毁坏。三百年繁华竟成转眼云烟，唯剩邓氏祠堂前石

❶ 中村脚板岩摩崖风光
❷ 中村猴头山

狮、石象仍躺在村民菜园中，阅人间沧桑，看云卷云舒。

20世纪80年代末，经济复苏，乡民云集，乃恢复集市，逢农历初一、初四、初七赶集。历十余年，一个新兴的中村街子，又矗立在距老街下方约五百米的国道213线上。

中村街子南去数公里，山势渐陡，213线盘旋而上，山峦相连，群峰并起，犹如万顷碧波之中泛起座座青岛。人云此处有二十四座山峦，故名二十四岗。二十四岗是县境内重要的地理分界线，由此南下细沙、桧溪，或北上县城距离几乎相等，气候却是迥异。民谚曰："干桧溪，湿中村，不干不湿副官村。"副官村即今之县城，将深山中的现今一个行政村——中村与金沙江边的重镇桧溪，与县丞驻地副官村相提并论，从中亦可想象中村的热闹和繁荣。

"中村是口锅，出门就爬坡。"民谚形象地道出了中村的地貌特征，农家房屋或三五间，或数十间聚集着，静静地卧在半坡上，青山横斜，绿树四合，莺飞鹰翔，鸡犬之声相闻，俨然世外桃源。"儿紧睡，儿紧睡！雀儿都在叫你起床了，你还在睡？！"在当地人唤作"儿紧睡"雀鸟的叫声里，父母催促着贪睡的小孩，小孩子一边穿衣起床，一边学着那雀鸟的叫声，不过却诠释成了另一种含义："儿去桧溪，老子赶黄琅。"也许，他连黄琅在哪儿都不知道，当然，他就更不会知道中村与桧溪与远在四川的黄琅的关系，不会知道中村在三尺古道上的那些过往与意义。

绥江独有耐思量

> 工业时代,最大的好处是批量生产,信息化,最大的便利是复制、粘贴。对于我们的眼睛,最大的伤害就是千篇一律。如果绥江只有高楼林立、车水马龙,拿什么来吸引游客的眼球、留住游客的脚步?
>
> 百里长湖?万顷竹海?还是随处可见,人们早已视若无睹的城市绿化?
>
> 人无我有,人有我优,人优我新,人新我特。其实,绥江也能找出几样别处没有的好东西。

可与唐宋古人直接对话的绥江方言

为克服交流的障碍,追求经济利益的最大化,人们热衷于推广普通话、共同语;为保存民族独特记忆,尊重多元文化,人们又不得不反过头来保护方言、抢救方言。语音独特的方言无疑是地域的最佳名片,他乡亲情的最好纽带。鬓毛已衰,乡音不改,游子回乡泪眼斑斑;种菊东篱,锄豆南山,醉里吴音相媚好——一声方言,一句家乡话,瞬间拉近心与心的距离。

"江山信美副官地,淳风美俗风光丽。"曾经客籍绥江的塾师刘伯墉先生此言不差。绥江是典型的袖珍小县,小家碧玉型的。虽小,却是海纳百川的文化乐土,早在三千多年前,境内黄龙村就留下了先民聚族而居的足迹,战国秦汉时期,僰国兴盛,巴蜀流寓,三国蜀汉南征,元明清马湖治辖、湖广填川,多种文化的交融和灵山秀水的濡染,最终形成了具有浓厚地域特色的绥江本土文化——副官村文化。僰文化、巴蜀文化、客家文化、荆楚文化

和闽粤文化，深深地烙印在绥江的山川大地上，镌刻在绥江人的骨子里。

在诸多副官村文化的品牌中，方言莫过于"最绥江了"。绥江人一开口，就会被人识别，好似脸上写着"绥江"两字一样，方言是最好的"DNA"。外地人到绥江，首先被吸引住的便是独特的绥江方言。这里地属云南，方言却属四川，是北方方言区四川方言灌赤片区岷江小片里的奇葩。两省津梁之区，永善、大关、盐津、水富、宜宾、雷波等地，自然条件相差无几，但绥江话就和它们迥异。

绥江方言很美，美在音韵。绥江话堪称中古入声的活化石，33调的中古入声，温柔古雅、急促悠徐，即便是阴、阳、上、去四个声调的发音，也较普通话短促，与绥江的青山绿水和绥江人的恬淡闲适相得益彰，仿佛世外桃源的语调，不需要那么高调，柔和平淡最宜。那些古诗词戏曲，用普通话唱读出来总有一丝别扭，试着用绥江话朗诵岳飞的《满江红》，则韵味独具、气势磅礴。

绥江方言古典文雅，像个款步而行的古装女子。唐宋中原官话在绥江方言的语音、词汇上痕迹十分明显。那些古典小说中的词汇，被绥江人习以为常地使用着，在民谣里，在儿歌中，在老婆婆的龙门阵里，在江边的盖碗茶中。古代文人墨客标明身份的词语，被绥江人挂在嘴边，说话做事有分寸叫有"平仄"，说话做事得体叫"押韵"，向人道谢叫"负累"。

绥江方言风趣率真，幽默搞笑中不乏深刻道理。逞能叫"蹦劲呃"，努力称"装格式"，阿谀奉承是"凫上水"，大大咧咧即"大目耳褴褛"。那些谚语、歇后语和缩足语，更是和日常生活息息相关，亲切，智慧，触动心灵，"弯呃纥——纠（舅）"，"天长地——久（酒）"，"耽误一年春，十年犇不伸"。

绥江方言充满亲情，能拉近距离。把母亲的父母称作外公外婆，是否有见外的感觉？绥江的称谓就不一样，称作家公、家婆，还是一家人！不同省籍的移民后裔保留了原籍的人际称谓，那些被时髦人士认为"老土"的称谓，正是我们血管里流淌着的原乡血。2013年，当我用276年的光阴回到远祖的原籍地时，已经听不懂彼此的方言，但相同的称谓瞬间拾回了亲情。

绥江方言是客籍他乡的念想，可解思乡之渴。当离开这个叫绥（xū）江的地方去都市追梦之际，在钢筋水泥森林里居住久了，难免浮躁、孤独，千里之外，听到一句绥江话，心中总会有触动，不亚于与失散多年的情人重逢。当阔别数十年回到绥江，是否还能像贺知章那样，乡音无改？想起1999年，一位温婉文静、负笈滇西的女孩告诉我，在回家的车上，听到绥江

① 金沙江边的惬意
② 湖广填川移民迁徙路线图

春风杨柳

人说粗话都感到亲切。

从蛮烟夷瘴中走来的绥江方言,从五湖四海聚拢的绥江方言,历经千百年的锤炼,是绥江人心中的图腾。它不仅仅是交流工具,还是文化根基,无论是江边话、高山话,还是会太话,都是绥江先民留下的精神家园。那些操着洋泾浜英语、蓝青官话的帅哥靓女,心中是否还会记得,自己牙牙学语时说出的第一句话是何种语言?

当某些绥江人已开始在非普通话状态下把"绥"读作"suí"的时候,国家却把保护传承方言文化,列入中华优秀传统文化传承发展工程中。著名文化学者、作家冯骥才先生曾振臂呼喊:"今天是我们抓住传统文化的最后一个机会!"传承保护方言,尤其是绥江这个核心区其他文化载体已被淹没的地方,更显紧迫,方言一旦消失,其所承载的文化也会消亡。

"小伙咡,小伙咡,你姓啥咡?我姓唐。啥子唐?芝麻糖。啥子芝?何仙芝。啥子何?大河。啥子大?天大。啥子天?广东天。啥子广?湖广。啥子湖?茶壶。啥子茶?春茶。啥子春?阳春。啥子阳?咪咪儿羊。啥子咪?眼睛眯。啥子眼?眨巴眼。啥子眨?蒸笼栅。啥子蒸?鞋脚针。啥子鞋?穿脚鞋。啥子穿?四川。啥子四?宝乘寺……"这首绥江儿歌道出了绥江人自中原出发,不断迁徙的路线和过程,诠释着"衣冠南渡""湖广填川"的宏壮历史。如若以后的绥江孩子用普通话、用英语来演绎这段历程,该是怎样的一种表达?

遗落人间的水墨丹青——绥江奇石

奔腾咆哮的金沙江,在云南绥江转了一个大弯,这一转,既改变了由南向北的行走方向,又改变了自身急躁狂野的性格,从

此胸襟开阔、平静舒缓，甚至婀娜蜿蜒起来。

　　由于处在金沙江水流上急下缓的特殊地段，因而绥江境内的碛坝特大特多。千百年来，人们不知碛坝上花花绿绿的石头是价值昂贵的奇石，到此游玩的人，一个个将其捡起，把玩一阵又随手扔进江中，只有少数不怕嘲笑者，才将其背回家供于几案。

　　20世纪90年代，金沙江奇石连年在国内国际奇石展览会上，获得金奖、银奖和铜奖，于是绥江奇石才在中国奇石界引起轰动，于是迷石爱石的人才越来越多，逐渐因石而痴、为石而醉，痴到满堂皆是石，醉来妻子不能呼，于是

金沙江畔觅石忙

全国各地的文人墨客，才纷纷挥毫为绥江奇石赋诗。

"绥江奇石夺天工，桌架横陈显贵荣。大小晶莹呈亮丽，圆光幽雅透玲珑。"中国楹联学会原常务理事、中国联坛十杰之一白启寰先生的诗，不仅高度概括了绥江奇石的形、纹、色、质，而且赋予了绥江奇石丰富的文化内涵。一枚普通的鹅卵石，一旦蘸上文人的墨水，融进高人的生活，登上雅士的厅堂，便会散发出惊天动地的艺术魅力，顷刻间，生命和石头在秦风汉雨中淬火，逸兴和神思在唐风宋韵里穿梭，过去与未来也在霓裳飘舞的兰舟上接轨。

绥江奇石，就形态而言，有造型和图文之分，以质地而论，有玛瑙、红玉、碧玉和石英之别。大到十几吨，小到数百克。有的皱漏瘦透，有的色彩斑斓。有美妙绝伦的水墨丹青，有铁画银钩的中外文字，更有造型别致的各类雕塑。绥江奇石，奇在天然无须雕刻，美在看去脂凝、抚来玉润。黑如墨、红如火、黄如金、白如雪是其色，硬如铁、坚如钢、莹如玉是其质，烈火难熔狂风不倒是其品格，上补青天下填沧海是其精神。它既是宇宙间一切色彩、一切灵秀的凝

聚，更是大自然精妙的杰作。

随意走进一家石馆，站在石前，凝神片刻，捧心的西子，出浴的贵妃，笔走龙蛇的张旭，挥剑傲问天下谁是英雄的项羽，就会从远古的歌谣中，从无字的天书里向你款款走来。你的眼前就会真切出现沧海日、赤城霞、黄山松、峨眉竹。秦淮风月、大漠孤烟瞬间奔入眼底，铁马冰河、铜琶铁板片刻注入心头。明月松间照、清泉石上流的清幽景致，举杯邀明月、叩石问仙踪的恬淡文人，眠石醒来夜露冷，踏花归去秋月高的娇慵美女，就会走进你的生活，升华你的思想，洗涤你的灵魂，让你穿越时空、飘然若仙。

有奇石的地方，自然就有石街、石馆、石商、石痴和石魂。近年，绥江人拣石藏石、玩石赏石、买石卖石成了一种时尚，不但大多数人家有奇石，而且每个藏家都有数十枚，甚至数百枚的精品。绥江奇石，是藏家们或徒步江边，或乘车、包车，上至虎跳峡，下至泸州、重庆，经过千难万险，花了近二十年工夫，在沿江碛坝纷繁的鹅卵石堆里，千挑万选后，才运回家的。付出才知珍贵，因此绥江人视石头为知音，虽然车库、厅堂、雅室里到处都是石头，但不是知己不送，不遇高人不卖。

向家坝、溪洛渡巨型水电站蓄水发电后，随着碛坝、河滩的全部消失，金沙江奇石越来越珍贵。在众多藏家眼中，金沙江奇石是黄金、美玉，是高楼、豪车，不惜花血本疯抢。绥江人则不然，既不抢购也不贱卖，完全一副云淡风轻的超拔神态。在他们眼中，奇石是不可再生的天然艺术品，是文化，是传家宝，是上天的恩赐，是自己的苦乐

① 军魂
② 地下工作者

年华。为了给珍爱的藏品注入文化，让自己的灵魂充分融入石魂，藏石家们，既花高价定做红木、乌木雕花底座，又礼请文人墨客为精品石配诗。不仅带着宝贝，自费参加柳州、重庆、南京、北京的中国观赏石博览会，而且勇夺金、银、铜奖，创造了25万元一枚的出让记录。

人在欣赏石头，石头也在考验人的文化品位。藏石是初级阶段，赏石才是高等水平。风物需要文人捧，绥江奇石也离不开高人雅士助推。黑龙江诗人郭德萍说绥江奇石："有诗情调、画韵致、玉容颜。"广西诗人刘红波则说绥江奇石："敢补苍天肩大任，总藏清趣待知音。"对绥江奇石推崇备至的还是安徽诗人宋贞汉，宋先生把绥江奇石比作美女："如画佳人妒，入诗君子夸，山川日月萃精华，万玉也输她。"

赏绥江奇石，赏到的何止是色彩和图案，简直是时间空间的超越、目空今古的凌驾、江南九万里烟雨迷茫的风光、华夏五千年博大精深的文化、绥江妹子娴雅秀逸的英姿，以及乌蒙伙子刚毅坚强的性格。绥江赏石之风源于古、盛于20世纪80年代，云南工学院教授、书法家谭曼瑜先生的"天工何须斧凿就，美在一石艺无双"，是绥江奇石最早的广告词。如果说90年代，在青岛国际赏石博览会上，龙家林先生的作品《最后的华尔兹》还羞答答的，揭开的是绥江奇石的红盖头，那最近蒋富银在《云南日报》《石道》《赏石》等报刊上发表的赏石论文，以及他和唐朝艳、黄兴忠、王远才等先生，家藏百余吨的奇石作品，则是将绥江的奇石文化推向了巅峰。绥江人赋予了金沙江奇石生命，金沙江奇石也硬化了绥江人的脊梁。

绥江赏石，不仅能赏到前世的道骨仙风，而且会悟出今生的玄机妙理。时间久了，赏石的人也就成了一块奇石，傲立在风口浪尖，任身后的人一遍遍心旷神怡地拜读，一次次泪眼凄迷地欣赏。

花开两季十里香——绥江含笑

学者们第一次认识十里香的时候,她已在云南绥江的崇山峻岭中,幽贞独处了四百多年,当地人与之朝夕相处几个世纪,除把她当成风水树、季节树外,对其独特的花期、花形和树形视若无睹。直到1984年经昆明冯国楣等几位专家、教授鉴定、检索和现场核实,才认定十里香为木兰科含笑新种,因仅见于绥江,故定名绥江含笑。

多少次赏她、梦她、忆她,然而却不敢轻易提笔写她,生怕不经意间,胸中的纤尘破笔而出,将那娴雅秀逸的圣洁玷污。

尽管十里香是一棵举世罕见,每年春秋两季开花、浓香袭人的名木古树,但我却时常把它想象成一位风姿绰约的古装美人。山花烂漫时节,我经常独自坐在南榆木太师椅上,燃一炷幽幽檀香,在《云水禅音》的熏洗下,一遍又一遍冥想十里香的容貌、体型、家庭背景,以及缠绵悱恻的爱恨情仇。

淑气岚光中,我仿佛回到了四百年前的茶马古道。那时,我也许是赤着双脚的放牛娃,也许是义薄云天的马帮头领,也许是仗剑除魔的侠客。不过,最满意的形象,还是满腹经纶、风流潇洒的进京赶考书生。而十里香呢?她绝对是一位娴雅秀逸、艳光四射的窈窕淑女。我和她青梅竹马、相知相惜。她红袖添香伴我读书,翩若惊鸿为我舞蹈。自从我踏一地落英离乡之后,她每天都站在楠木树下,痴痴地向远方张望,她谢绝父母一次又一次的逼婚,突破时间和空间的管束,深情向往我金榜题名后的神采,向往京城里的琼楼玉宇。由于每天站在高处眺望,因而,她非常清楚呢喃、啁啾的鸟雀,是怎样把晨曦唤醒的,空谷里的水雾,是怎样仙子

绥江含笑(花)

绥江含笑

般飘上山顶，古道上的悍匪，是怎样被民团剿灭，为富不仁的刘员外，又是怎样作茧自缚，最终死在女婿手里的。

站在花丛里的十里香，一直在想象和期盼我的身影，直到把自己活活站成一棵树。我呢，也许秋榜才名标第一后，成了负心汉，也许名落孙山后，满榻乱书尘漠漠，继而客死他乡，也许在金銮殿上直言进谏成了刀下鬼，也许荣归故里后，桃花依旧，人面已非。

万物都有灵性，对森林、名木古树，特别是十里香，我始终保持着尊崇、敬畏的心态。我认为它们道法自然、阅尽沧桑，既然能穿越历史，那就一定会给人带来祥瑞和安详。"非是灵人休识我，未因地僻不知春。"河北诗人籍兵山不但赞同我的观点，而且赋予了十里香的文化风韵。"仰观奇树醉心长，何以堪称十里香。移到他乡还笑否？绥江独有耐思量。"河北诗家景宇辉先生的诗，时时触动我的心魂，扬起五彩缤纷的绵绵思绪。多少回，十里香素静婀娜的芳姿翩然入梦，领我走进花间、走进月下、走进花褪残红青杏小的生命之门，走进问天下情为何物、叹世间谁是英雄的苍狼大地；多少回，爱君不敢对君言，为你销魂不恋家……

阳春三月，绥江含笑香飘十里之时，耐不住寂寞的我，肩琴背酒，约几个才子佳人，又十分虔诚地踏上了拜谒十里香的山路。春意融融，翠得颤人的嫩叶不约而同地探出头，在布谷鸟的催耕曲中，浓浓地撑起无边的诗意。滚滚春潮无声地濡润着竹篱茅舍、林海花涛。湿漉漉的画眉声，如一道长长的鞭子，甜甜地滑过心坎，软软地抽在昂首奋蹄的黄牯牛背上。顿时，一首首蘸着汗水的打鼓草山歌，在田间地角，长声吆吆、悠悠扬扬地飘起来，片片飞入花中，唱歌的人忘了手中的鞭子，听歌的牛也渐渐忘了身上的犁索。

穿行在丛林里，我们每个人都很小心，生怕踩痛了春的胴体，惊散了鸟儿的情话。古人说山空云自在，其实此时最自在的是鸟，而不是云，树枝上、蕨草中，到处都是它们追逐的丽影和清爽的叫声。众多的叫声中，只有杜鹃鸟时远时近、忽高忽低的叫声最为特别，这凄

绥江含笑树

凄惶惶、如泣如诉的哀声穿时间而来，越空间而去，如银筝玉笛穿破耳鼓直入心房，叫人肝肠寸断、泪眼凄迷。杜鹃鸟藏在林中，我虽看不见它腮边的碧血，但从这凄切的叫声中，却听懂了无数个生离死别、意惹情牵的动人故事。

中午时分，在桂花村村民的陪伴下，我们又一次目睹了绥江含笑含情脉脉、灿然开放的绝世风姿。空谷幽幽，香风习习，一行人躺在圣洁的花树下，仰观天、俯听泉，时而高歌长啸，间或抱膝独思。洁白的花瓣缓缓飘落，我们的思绪也在慢慢升华。在深层次的静态中，每个人都将满树奇花凉幽幽地吸进肺腑，化为灵气流遍七经八脉。林静风愈静，静得能听见春从身上踏过的声音；山空心更空，空得能容纳四周的层岚烟树、飞瀑流泉。这种空灵的境界，只有大自然的灵秀和自身潜藏的浩气，恰到好处地碰撞才能产生。这天人合一的飘逸，一生中没有几次，有的人苦苦追求到死也无缘相遇。花静静地绽放，鸟翩翩地飞翔，透过花魂鸟魂，我依稀看见四百年前，自己灿然开放的本性，依稀看见夷风汉雨中十里香姑娘洛浦凌波的风姿。于是，举杯问天，禁不住慨然长叹。

桂花村的民风如同绥江含笑一样，纯洁得令我们这些自命清高的人自惭形秽。夜宿村民吴顺兵家，主人纯朴的好客遗风和丰盛的饭菜，一下子将我们引入了衣冠简朴、古风犹存的世外桃源。夜半时分，春雨潇潇，山蛙嚷嚷，瓦房上千军踊跃，丛林中万马奔腾，卧在木楼上、卧在冻雷惊笋欲抽芽的诗意中听雨，是一种莫大的享受，冥冥中，我仿佛听到了大自然向我发出的某种信号，听到了民间的疾苦，听到了自己回归自然的足音……

第二天清晨，余情未了的我，独自来到绥江含笑下面，轻轻拾起被夜雨打落的花瓣，慢慢将其串成一首七律：俏立寒山百丈崖，香浓十里透篱笆。年年冬夏千层叶，岁岁春秋两季花。历尽沧桑犹带笑，饱经风雪更无瑕。翩然入梦成知己，为你销魂不恋家。

峡谷中的天籁

> 明沙碧水旁，艳火枯芦处，舻船停泊，渔灯点点，渔歌相答，号子相连。那种各路袍哥云集，大碗喝酒、大声唱歌的壮阔场景，至今令人遐想。

金沙江船工号子

金沙江下游俗称金河，古称马湖江，自古就是通航的。公元225年春，蜀相诸葛亮率军南征，走的就是这条水道。唐、宋时期，马湖江上浮木塞江，木筏不断，航行景象异常壮观。明、清时期，由于朝廷不断整治金沙江航道，于是，数以万计的皇木和京铜，便从沿江两岸顺利起运，直至扬州，再转京杭大运河，最后到达北京。

吆哦呵！吆哦呵！吆啰呵……

乱石穿空，惊涛拍岸。陡峭的岩壁上，嶙峋的怪石中，一群头缠白帕，腰系纤绳的光膀汉子，或匍匐爬行，或跳跃攀登，或双膝跪地一寸寸往前挪，或把自己当成一块拴船的鼻索，硬生生卡在岩缝里。纤绳深深勒进皮肉没人喊疼，手掌脚掌被锋利的岩石割破没人松劲。脚下的激流险滩，是自己一次又一次战胜过的豺狼虎豹，是时刻都有可能让所有人送命的魔鬼。身后的大船是众人的命根

子,是亲人们揪心的期盼。关键时刻若偷一分懒,眨眼之间,便是灭顶之灾,若再流几滴血,再挤一分力,那么晚上就能睡在妻儿兄妹的笑容里。

在吆啰呵的号子声中,纤夫们眼前早已没了湍急的骇浪,没了狭窄陡峭的纤道,取而代之的则是儿女们乖巧的面容、情人妙曼的身躯、父母慈祥的眼神。这个时候没人耍心机,你就是我,我也是你,只有无数个小我汇成一个大我,才能穿急浪、过险滩,才能回家与亲人团聚。这苍凉的呐喊声,就是金沙江船工号子的神奇力量;这悲壮的场景,就是纤夫们生活、思想和意志的真实写照。

金沙江号子是船工们克制水怪的魔咒,是峡谷中此起彼伏的天籁之音,是被国家列为传承和保护的非物质文化遗产。船工号子,主要分顺水号子和逆水号子。顺水号子有出船号子、一二三号子、招架号子、大搬秋号子、扎流号子等。逆水号子有上水数板号子、搬秋号子、拼命号子、抛滩号子等。这些号子有固定的唱腔及和声,曲调苍凉、雄浑,奔放激昂,一领众

纤夫号子

和，顿时山鸣谷应，非常震撼两岸人的心，振奋纤夫们的斗志。所有号子均由领纤人掌控，根据纤道宽窄、激流深浅、险滩长短，及时吼出，既向纤夫们发出指令，又给船上的舵手报告情况。其节奏时而急速，时而舒缓，时而对话，时而是领纤人喃喃自语，时而又是所有纤夫发自肺腑的集体合唱。

"金沙江上险滩多，不是行人安乐窝。"在江上行船，各种情况随时都会发生，翻船、死人是常事。从宜宾上来，大雪滩、小雪滩、湾湾滩、石梁子滩、石板滩等几十个险滩，从古至今不知夺走了多少船工的财产和性命。无力和自然抗争时，人们便把自己的命运交给神灵，希望神仙能帮忙震慑水怪，保佑过往船只逢凶化吉、遇难呈祥。

会仪镇官田坝下面的菩提石，就是人们拜祭河神，祈求神灵震慑水怪

的地点之一。菩提石当地人称将军石，原是金沙江边一尊十多米高，重达几十吨的天然巨石。1841年，江对岸的观音塔建成后，每到洪水季节，仍有不少船只倾覆，于是人们便在将军石上勒石刻字并凿洞建塔，把一切平安的希望全部寄托于此。

菩提塔建成后，连石带塔二十多米高，站在上面，江上远近的船只尽收眼底。除了上塔做法求神的人工梯子，巨石

❶ 菩提石
❷ 菩提石局部

临江面和西侧，分别有横刻"菩提石"和竖刻"菩提石"几个大字。横刻菩提石，每字50厘米见方，左右两侧竖刻"道光庚子年，七十三恩耆熊桂堂敬书"。竖刻菩提石，左右两侧刻有"道光二十年仲春月谷旦，荣昌儒学聂汝俊敬书"。所有刻字笔力雄健，令人流连崇敬。

菩提石西侧，从底至顶约30厘米的石阶共26级。每级旁边另凿石孔，供人们攀石时双手抓握，巨石上面是菩提塔的底座。据官田坝的老人说，百余年前，菩提塔即被洪水冲塌，倾覆于石下的河沙中，石顶残留的铁棒，民国时期被德化里团正王百川取去锻造挖炭工具。菩提塔每层三米多，共三层，上有"南无阿弥陀佛"几个颜体大字。修建时套一层盖石，覆一层塔身石，整个塔身造型别致，雕刻精美。每到祭拜日，塔上香烟缭绕、经幡飘摇，塔下八音齐奏。梵呗之声中，两岸民众双手合十、高诵佛号，好不热闹。2005年3月，中央电视台《走遍中国》栏目组拍摄金沙江航运时，对菩提石做了特别采访和报道。

"太阳出来三丈三，小小船儿下陡滩。行得正来坐得稳，不怕

南海飞来石刻

风吹浪打翻。"当然，在江上行船，船工们的生活不全是悲愁日子。苦中有乐，忙里偷闲，只要过了险滩，面对两岸旖旎的风光，面对江边笑容可掬的浣纱女，船工们追求美好生活的天性，瞬间又被激活了："山对山来岩对岩，四川姑娘好人才。推只船儿过河去，把她娘俩接过来。"

这个时候，船工们口中哼出的，已不是刚才那种激昂急速的拼命号子，而是悠扬抒情的船歌了。船歌的内容很丰富，三教九流、山川风物、两岸风情都是他们哼唱的对象。这个时候，船老大就会把纤夫们接上船，拿出酒肉，一边请大家吃喝，一边诙谐地讲段子，以此联络感情，为闯过下个险滩打基础。

"歌谣欲采堪从此，好听舟头欸乃声。"明代诗人杨寅的《沙洲渔火》，高度概括了金沙江船工号子的艺术魅力。杨寅认为，沿江两岸的一切歌谣，都要从舟船上的欸乃声开始，这既是两岸风情的集中写照，又是船工们与江神沟通的上古灵音。

沙洲渔火，是明代龙湖十二景之一，位于原屏山县城对岸，绥江石龙村下的临江岸。这里有"南海飞来"和"文曲远映"摩崖石刻。明沙碧水旁，艳火枯芦处，舻船停泊，渔灯点点，渔歌相答，号子相连。那种各路袍哥云集，大碗喝酒、大声唱歌的壮阔场景，至今令人遐想。

薅草场景

晴川碧野中的劳动号子——打鼓草山歌

  仲夏时节,晴川幽谷里山花烂漫、野草缤纷。淑气岚光中,几十位红男绿女排成一字长蛇阵,在打鼓匠的吆喝下,在咚咚的鼓声中,挥舞锄头,正奋力向蓬勃的杂草进军。斩草队伍中,有叼着叶子烟杆的老头,有背娃娃的风韵少妇,有身强力壮的小伙子,有妙曼清纯的美少女。这个时候,玉米苗刚漫过膝盖,尽管头上的阳光开水般往下泼,脚下的湿气蒸笼般向上熏,锄头下的虫子、老鼠,甚至菜花蛇、乌梢蛇四处乱窜,但是没有人直起腰歇气,没人落后掉队,更没人铲断一棵玉米苗。在密集的鼓点指挥下,所有人都把

自己的力量、希望和喜怒哀乐，全部集中到了锄头上。唰唰唰的刮草声，既响亮又富有节奏。南山薅了薅北山，山坡刮了刮平畴，好一幅子规声里雨如烟的山乡乐耕图。

打鼓匠是这群斩草大军的领头人。他肩挎红布系就的牛皮鼓，时而在高石上总揽全局、大声吆喝，时而在队伍的后面，用密集的鼓点催促众人加快速度。斩草进程中，如果有妇女退后奶孩子，打鼓匠立即招呼左右两边的人，每人多铲两行，及时补上缺口。如果有体弱者掉队，或者有的地方人密，有的地方人稀，他都要及时调整劳动者的位置，使整个战线男女相间、强弱搭配，始终保持统一的速度和节奏。刮完平地，面对陡坡上的荒草，看众人满头大汗、筋疲力竭，打鼓匠鼓点一转，突然嗨一声带头唱起了山歌：

老打鼓匠

"太阳当顶肚子潮，长年哥哥啃红苕。东家还在睡午觉，看牛老幺灰头刨。"

　　这首歌虽然诙谐，却是对东家的善意提醒。太阳当顶了，长工们已饿到了极点，如果累了一上午回去，每人打发两个红苕，如果东家还在睡大觉，放牛娃娃还在冷灰里抢食，那就太不尊重我们这些斩草王了。作为领头人，协调能力是首位，这样既能为弟兄姐妹联系到农活干，又能及时领到工钱，还能吃上肉，打一回牙祭。所以提醒东家别忘了准备好酒好菜的同时，打鼓匠还得给大家鼓劲，农活干到什么时候歇气、烧烟，进度到哪里才吃午饭，什么时候收工，他心里都有数。为了一鼓作气完成既定任务，最好的办法就是用山歌把众人的干劲拧成一股绳，用美味激发大家潜藏的力量：

　　"太阳当顶红，锅内安蒸笼。蒸了两头猪，又蒸一头熊。"

　　想着等会儿回去，宽敞的大院里，整齐地摆着十余张八仙桌，桌上美食、美酒飘香，东家瓦房上炊烟袅袅，灶房里热气蒸腾的诱人场景，所有人都忘却了劳累和暑热，大家高唱山歌，和着打鼓匠的腔调，手上力度不减，转眼间就斩除了几大坡杂草。

　　以上场景，就是绥江打鼓草山歌的原始风貌。

　　绥江打鼓草山歌，最初是湖广填川时，随移民风潮迁徙而来的，既有荆楚风情，又有赣闽风味，融入滇川文化和夷文化后，绥江打鼓草山歌，经过无数代歌师傅、歌秀才的不断继承和发扬，逐渐形成了系列完整的歌词、唱腔，以及多种悠扬悦耳的曲调。打鼓草山歌必须依时辰、场景而唱，不能信口开河、张冠李戴。清早起来唱清早歌："清早起来把门开，一股凉风吹进来，头上青丝风吹散，罗裙带子两边排。"

　　女主人是一家子中最勤劳、最辛苦的人："二更鸡子叫排排，奴从梦中醒过来，双手扒开螺纹帐，鹞子翻身下床来。"起床后，女主人首先梳妆打扮："左梳左挽盘龙髻，右梳右挽插花楼，最后还要梳个燕尾吊后头。"除了当家的女主人起得早，情窦初开的少女也是不能睡懒觉的，她们的任务就是出门割猪草和捡柴回家："清早起来雾沉沉，看到树桩像个人。抱着树桩亲个嘴，你说笑人不笑人。"此外，刚过门的新媳妇更是要提前起床，抢着干家务："清早起来事情多，手提刷把去洗锅。灶前灶后遛快点，免得婆婆来啰唆。"薅草大军就要上门了，主人家必须提前忙碌。

薅草娘子军

　　清早歌不仅多层次、多角度叙述了山村的人文风情和奇闻轶事,而且还讲述了一个未婚先孕的悲惨故事:"清早起来不新鲜,私娃子生在灶门前,既怕嫂嫂来点火,又怕爹爹来烧烟。叶叶盖来夹夹抬,一抬抬到大河边……"

　　清早歌之后是饭歌、太阳歌、烟歌、花歌、学堂歌、扬歌、茶歌、送郎歌、风流歌,最后是太阳落山收工鼓。山歌中的调子有长调、短调、四平调、弯弯调、百花调、麻雀调以及瓢瓜调。唱法分打鼓匠独唱、众人齐唱、嗓子好资格老的人领唱、男女对唱、轮唱等。唱词内容很丰富,大到从古到今、天文地理,小到两口子调情、大姑娘相情郎,从神话到生产生活,从传说到人情世故。唱古人即:盘古开天、李白写诗、孔明用兵、穆桂英挂帅、林黛玉葬花等。说身边的事有山川风貌、江域风情、湖广填川、京铜航运、花县分符以及绥江四大

薅草场景

古城门等。总之，绥江打鼓草山歌曲调很多，歌词内容丰富，涉及三教九流、金府两河、川滇二省，还有荆楚赣闽诸地的人文风俗，据老打鼓匠说，如果要一首不漏唱完绥江打鼓草山歌，恐怕三天三夜不歇口也完不成：

"我的山歌多又多，约有芝麻七大箩。一颗芝麻一个调，你算我有多少歌。"

从"湘州鼓儿圆又圆"的唱词中，可以看出打鼓草山歌的湖广历史渊源。由于牛皮鼓最初用女人的裹脚布系牢后再由打鼓匠使用，所以历代打鼓匠挎鼓时，都把红布从脚下往肩上套，绝不从头上往肩膀上套下来，因怕沾染秽气。打鼓匠既是包工头，又是民间文化传播者，既要知江湖行情，又要能说会道，还要懂礼节，广交八方豪杰。这样才有人帮衬，走到哪里都受欢迎。

打鼓草山歌不能一到地头就扯开嗓子唱，打鼓匠没开口，其他人不能作声。薅草队伍中有长辈、晚辈、书生、美女，有的人是打鼓匠带来的，有的则是东家的子女和亲戚。打鼓匠必须先拜码头、办交接。只有把东家、东家娘子、队伍中的头把手、吆伙尾的壮汉，加上帮忙的四邻，全部都安慰、尊敬到位，你才能放开嗓子唱歌，才能完成当天的斩草任务：

"家中老板我拜上，为薅山草去赶场。进城就把案桌上，割肉打酒待歌郎。老板娘子我拜上，烧菜烫酒搞得忙。饭菜办得多齐整，赛过当年赵五娘。头把手来我拜上，挥动锄头力气强。只要金鸡开口叫，还望大家来帮腔。伙尾兄弟我拜上，边边角角要周详，队伍拉成一条线，声气汪汪震歌堂……"

中华人民共和国成立前，很多大户人家都要请人薅草，薅完苞谷薅秧子，薅草的质量直接关系到秋后的收成，所以他们必须尊重打鼓匠，必须树立打鼓匠的权威，听从打鼓匠的指挥和调遣。在地里，打鼓匠的权力最大，就算是东家也得听从指挥。中华人民共和国成立后，大凡打鼓薅草，生产队长，包括大队、公社下乡支农的干部，都要听从打鼓匠的安排，鼓声未停，任何人都不准歇气、吃烟。

风流歌是打鼓草山歌的压台戏，伙计们累了大半天，等的就是这个激动人心的时刻。有的未婚男女，天天追着打鼓匠跑，就是为了听风流歌。风流歌不能乱唱，唱之前先要给老辈子、小辈子和未婚女子喊言语、办交涉，否则就犯了禁忌，工钱得不着，还要赔礼道歉。风流歌大都唱男女爱情，有的语言直白粗俗，有的语言含蓄诙谐，颇有艺术价值。比如："谷种拿到妹田撒，发芽就是我的秧。"又如："种瓜不许别人偷，种豆不许别人收。我俩都是半块土，何不并拢做一丘。麻着胆子不怕羞，何必开口脸就愁。白米下锅就成饭，菜籽进榨就出油。"

一个好汉三个帮，打鼓匠的歌喉再好，也不能从早唱到晚。如果没人帮腔，那鼓师是很没面子的。所以凡是有名的打鼓匠，身边随时都有几个铁歌手。在经济和文化生活都落后的年代，打鼓草山歌就如同文化大戏，既丰富知识、结交朋友，促成小青年们的良缘，又鼓舞干劲、推进农耕、传播民间文化。

迤东学务之冠——小县绥江的文脉传承

> 两百年间,绥江人文蔚起,乡曲之士,争自濯磨,"士民皆畏罪奉法,驯良易治。"

清乾隆三十四年(1769年)的一天夜里,永善县教谕吴绳祖掌灯观舆图,见副官村山水迥异,不由生发"群峰罗列,金江如带,意此中必有伟人"的赞叹。从副官村到副官分县再到绥江县,一个蕞尔小县文风蔚然,令许多人为之诧异、倾倒。清末寄籍昆明的广西人罗养儒在《纪我所知集》中也说:"副官文风最盛,永善之甲榜,副官能占十之七八,所谓孝廉公,常有四五人,出仕于外者,随时俱有二三人,是人才之盛也。"《昭通志稿》云:"昭五属文风唯副官最盛。"民国四年(1915年),云南省视学先后查报,盛赞绥江为"迤东学务之冠"。迤东者,清末以来大体指今之昭通、曲靖、玉溪市和红河州、昆明市部分。考诸绥江早期教育发展史,这些评价非溢美之词。

绥江文脉之滥觞,可追溯到元世祖至元三十一年(1294年),马湖总管汝作,建马湖儒学于今南岸镇,迄今七百余载。背倚真武青山,面朝金沙丽水,钟铎发聩,弦歌绕林,儒童们在这里诵诗书、习礼仪,一个名叫马湖蛮的民族揖别了蛮荒时代。岁月其徂,匆匆跨明历清,雍正十三年(1735年),副官村义学开办,设馆

于东门官水井西侧，学舍三间，先生年酬金十八两，由大井坝学田地租拨付。学田共七十亩，由云南布政使陈宏谋倡银一百二十两和昭通知府徐德裕捐银三十两，共一百五十两购得，作为永善县城、大井坝、米贴和副官村四馆义学的修脯。

陈宏谋主政云南，大力倡建官办民助的义学，其成效远远超出各省。两百年间，绥江人文蔚起，乡曲之士，争自濯磨，"士民皆畏罪奉法，驯良易治。"

乾嘉年间副官村人口殷繁、经济兴盛，迎来文化盛世，增设城乡义学，创修圣庙、书院和文昌宫。乾隆元年（1736年），在义学建圣庙，三十八年（1773年），县丞黄兰香（馨）创修文昌宫于东侧，五十二年（1787年），县丞薛梦斌将圣庙迁正街，并建凤池书院于其东部，圣庙原址则在嘉庆十三年（1808年）文昌宫重修时并入。圣庙经嘉庆十一年（1806年）县丞方承孟培修和嘉庆二十五年（1820年）县丞栾

县立中学题刻

绥江县立中学校门

凤池拓地重修后，负山带江，崇阶峻宇，颇具伟观。被道光帝敕封文林郎的举人凌光斗未出仕前，曾执教凤池书院，课士之余，眺望滔滔金河、华峰山和柳荫下的金钟塘，思绪联翩，信笔写下《凤池书院》诗："百年声教遍遐垓，此日文明渐次开。鹿洞渊源朱子肇，凤池桃李薛公栽。诗书久化獉狉俗，几席常亲俊彦才。械朴菁莪培植厚，榜花时放瘴江隈。"

正是因为士民尊文崇学，有清一代，绥江文教大放异彩，科第蝉联，据不完全统计，共有进士3人，举人33人，贡生近70名。区区分县，两百年书声不辍，人娴礼仪之交，士多邹鲁之风，士民们骄傲地在禹帝宫外勒石："腾蛟起凤"。圣庙、书院、义学，还有那些遍布城乡的私塾，它们不仅仅是在培养公务员，更多的是传承陈宏谋化民成俗的教育理念。

光绪三十一年八月初四（1905年9月2日），清廷发布上谕，罢除了1300多年的科举制。此后虽无进士、举人头衔，但锺灵、

今日绥江一中校门

师茂材、吴楚湘等优秀人物对绥江文化、教育方面的贡献，却超过历代科举之士。

钟灵，字秀珊，号修德，南岸人，县内接受现代师范教育的第一人。1906年，他和谢培毕业回里，经县丞韦国泰委任，以义学校产和书院、义学经费为基础，创设城中两等小学校，把绥江教育带入了现代，属云南首批建立的小学堂。他的成就除了诗联和教育，更重要的是主编了民国《绥江县志》初稿。

师茂材，名楚生，生于1902年，1925年考入国立北京大学。景山之东，皇城根下，第一次有了绥江青年才俊的身影。1936年，李顺祺任绥江县长时，开办绥江中学，延聘师茂材为首任校长。先生秉承兼容并包的情怀，怀揣兼善天下的信念，以殷殷赤子之情报效桑梓。建校之初，他殚精竭虑，亲手制定《绥江县县立初级中学校简章》，丁字口的家近在咫尺，师校长却选择了和学生们住在一起，老师中唯他一人。高大魁梧、方脸宽肩、胸膛挺直、语音洪沉的师校长，端庄严肃、不苟言笑、为人和蔼、生活简朴，让学生们敬重。宝乘寺前殿改作的校舍人声鼎沸，师校长穿梭于英文课堂和校长室，穿一身整洁的三个包包不翻领的灰色制服，纽扣总是扣得整整齐齐，连风纪扣都从未见他解开过，总是把双手掌伸直，以近九十度的角度，笔直地插在两个上衣口袋内，无事也总是这样一个人在校长室里踱来踱去，谁也不知道他在沉思些什么。每天傍晚，师校长便呼唤唯一的校工："王少堂拿亮油壶来。"灯映寒窗，燕赵弦诵，齐鲁吹筦，峡硐振铎，一注心头，轻轻拂去这些思绪，他提起毛笔，擘画县中的未来。

茂材先生声名鹊起后，未及一年，便被聘为省立昭通中学校长，1940年因上峰申斥其劝阻学生罢课不力，愤然辞职离校。此后，任过省教育厅督学、楚雄中学校长等职。再后从政，担任过省财政厅科长、省田赋管理处处长、省民政厅副厅长等职，1946年因患脑瘤去世，葬于昆明西山太华寺旁。

吴颖，字楚湘，板栗人，毕业于四川大学，中华人民共和国成立初期先在昭通专署民政科工作，1951年调昭通中学任教，因其讲课新颖、活泼、有趣，教学成绩显著，被调到昆明师范学院中文系任讲师。吴颖先生不仅是堪为师表的教育家，而且还是卓有成就的诗人。他的诗，诸如《悼父》《思绵绵》《对韵新作》均立意高远、格律严谨、耐人寻味。既有浓浓的乡愁，又不缺浩然正气。

2006年，中城小学百年校庆，很可惜，他们没有追述副官村义学和凤池书院的历史，那些山长、馆师，那些学规和学长，都付与苍烟落照。

人登桂籍姓名香——读万卷书行万里路的"文林郎"

1809年孟春的一个早晨，副官村（绥江旧称）大汶溪畔，桃花夹岸，垂柳拂堤。迷蒙的烟雨中，29岁的凌光斗一袭长衫，满面春风，神态非常超拔。他左手叉腰，右手持扇，看一眼远处的华峰，唤一声不忍离家的书童。然后小声吟着"仰天大笑出门去，我辈岂是蓬蒿人"的诗句，大步朝金沙江边行走。这一次，凌光斗要出远门到北京参加己巳恩科会试，如果考中进士，过不多久，他就能如愿当上知县。

去年深秋，通过几十天的徒步行走，凌光斗在四季如春的昆

道光皇帝嘉奖凌光斗牌匾

明，以敏捷的才思、高远的立意，非常轻松地高中云南第七名举人。青年得意的他，虽没有唐伯虎那种"秋榜才名标第一，春风弦管醉千场"的狂放，但内心里却隐藏着凌云之志。所以，这次北京会试，凌光斗非常自信，进士这个梦寐已久的头衔，他志在必得。他觉得，大丈夫立身天地间，穷则独善其身，达则兼济天下。自己5岁入私塾，20岁中秀才，读书破万卷，授徒百余人，既惯看金沙江的骇浪惊涛，又饱览人世间的离合悲欢。无论如何，都该鹏翼高举翱翔九天，为国为民干一番事业了。

连续几个月的步行，暴雨骄阳，山匪路霸，黑店惯偷，恶疾风寒，随时随地都威胁和考验着凌光斗的安全和意志。凭着年轻气盛，凭着对美好前程的憧憬，他风餐露宿，终于在夏天的某个黄昏，一身尘土欣然踏进了繁华的京都。鱼跃龙门的前一夜，是非常难熬的。驿馆里的举子都是各省精英，有的才华横溢，有的富甲一方，有的踌躇满志，有的忧思重重。"辞家跋涉入皇都，举子欣欣试壮图，今夜几人眠不得，蟾宫谁主闷葫芦？"从凌光斗的这首诗里，不难看出，这个夜晚，他的心情是相当复杂的。离家千里远行，人人都是为了博取功名、大展宏图。明天过后我也许一跃成龙，也许依然是虾。这次会试的状元郎，是风度翩翩的我，是盛气凌人的他，还是隔壁那个满身铜臭的轻狂举子？

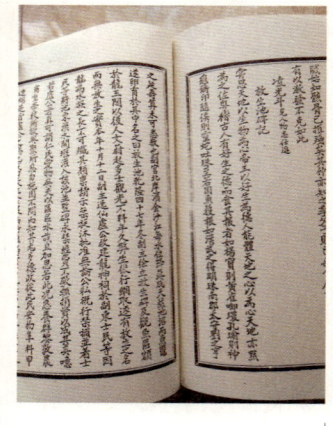

张榜那天，凌光斗费力挤到前面，按捺住狂跳的心，从上到下、从头到尾看了无数遍皇榜，都没有找到自己的名字。这个时候，他才明白，琐杂细碎、玩弄辞藻者终难成大器。齐家治国之道，必须思接苍穹、学贯古今，平平仄仄的诗词，既不能为自己赢来宝马香车，也不能为帝王解忧排虑。尽管极端落寞悲凉，但凌光斗并没有绝望。他认为自己还年轻，还有希望。几经痛苦折磨，凌光斗很快振作起来，他决定回乡重操书本、再鼓雄风，总之此生一定要文章大块书千古，心唯循吏步贤臣。由于心情怡然，加之盘缠充足，凌光斗便顺路转道江西南昌府和长宁县寻根问祖。此行虽耗去不少时间、精力和钱财，但沿途风光、异地风情却增长了他的阅历，坚定了他济世匡时的信念。

两年后，通过刻苦学习和精心准备，凌光斗第二次步行进京，非常自得地向主考官呈上了终场考卷。放榜前一夜，他独自闷坐在以前曾住过的客栈，心潮起伏，浮想联翩。"今宵旅邸谁相问，喜有明灯实可亲。尽瘁连年新摘桂，终场毕卷料称心。"从这首诗中不难看出，凌光斗交卷后的心情。播种当有收获，付出就能回报。几百个日夜的苦读，无数番风雨的煎熬，老天该垂怜我，让我金榜题名了吧。

天不作美，事与愿违。这一次凌光斗的希望又落空了。回到家乡后，他意志消沉，虽然依然在凤池书院给弟子们讲授怀抱宇宙、修身养性、立言、立德、立功的大道理，但内心的凄凉和荒漠是难以排遣的。除了以诗消愁、以酒解闷，闲暇之际，他便独自倚在走廊上远眺华峰山。开初，他看华峰是三座尖山，后来是三支倒写苍天的如椽巨笔，再后来华峰就成了不合时宜的自己。他想，华峰山朝垂碧落三秋霞，晚蘸晴空五色霞。每天倒写苍天，大书千古文章，怎么就无人相识。这些年，自己三更灯火五更鸡苦读，才气纵横胸罗锦绣，怎么就榜上无名？

在接下来的17年时间里，凌光斗都生活在忧愤和孤寂中。这

凌光斗故居一角

期间，除了教书，他就写诗作赋，把自己的得意作品收入《文川课仕》中。由于饱尝人世艰辛，他特别同情弱者，最痛恨贪官恶吏："一月绵绵喜小晴，潇潇一夜转愁人。行见农夫嗟歉岁，山租地赋例苛征。"好雨知时节，红杏枝头春意闹，这个时候结伴春游，按理说凌光斗的心情应该舒畅，然而他怎么也高兴不起来。坐在破屋里发愁的农夫，让他揪心，荒年歉收，繁重的苛征，既压得农夫连声咳喘哀叹，又让凌光斗忧心忡忡。这个时候的他，哪有心情观景？入眼入耳的都是民间疾苦，都是愤恨和不平。

"试手知寒热，深山夏近秋。室阴窗外绿，山逼谷中幽。遇雨偏思火，逢晴可着绸，深宵惮虎啸，未若吏来愁。"一个赤日炎炎的夏日，凌光斗独自到深山游玩，当晚寄宿在一户农人家。空谷空山中，四野的绿荫，幽雅的环境，好客的山民，可口的饭菜，让他神清气爽，一下子忘了以往的诸多伤心事。夜半时分，丛林里突然传来老虎的啸叫，不一会儿，抓丁派款的官吏，突然破门闯进小屋。这情景有点像杜甫的《三吏》。感慨苛征猛于虎、官吏恶似狼之余，凌光斗重振精神，立誓为民解难。

皇天不负有心人，通过不懈努力，1826年，在丙戌科考中，凌光斗终于展智施才、脱颖而出，被朝廷以大挑一等掣牵福建，署理延平府顺昌县事。三年后因才华出众，提任汀州府连城县知县。

初展宏图时，虽已四十多岁，但凌光斗的心态却愉悦、年轻，精力也异常充沛。"买棹东来近海天，辞君履任月三圆。宵衣旰食忙上下，一心只在解民悬。"这首诗前两句虽然与岑参的"走马西来欲到天，辞家见月两回圆"相似，但心情却大不同，岑参走马西来，凌光斗买棹东去，岑参悲叹今夜不知何处宿，凌光斗却有铺不睡，通宵思索为民解难之策。

在连城做宰期间，年富力强、才具勤稳的凌光斗，咸知礼

让广宣圣谕。征收钱粮，听民自封投柜，从不暴力强征。除此之外，还力行保甲，严缉匪类，自理词讼，随到随审。1834年，经吏部考绩，凌光斗以"培毓多士，务树其才，法刑明允，狱无徇情，务集弊清，夙夜劳瘁"等政绩，被报称循良之最。道光帝据报奏，降旨敕授凌光斗为文林郎，并荫及祖父母、父母及妻室被敕赠和追赠，分别得到不同的七品诰封。

尽管在外地做官，但凌光斗始终没忘家乡山水和家乡风物："欲问家园何处是，川滇夹碛见金沙。"他不但写诗赞颂家乡，而且到处宣传副官村的人文风情。凌公一生经乾隆、嘉庆、道光三朝，精通翰墨，为人正直，大器晚成。从副官村至永善莲峰考秀才，至昆明考举人，两次去北京考进士，返途绕道江西寻根访祖，

凌光斗故居局部

民国《绥江县志》诗词影像 刘伯墉

因授文林郎从连城入朝谢恩等，全是步行，用读万卷书、行万里路形容，一点不过。

1840年，60岁的凌光斗积劳成疾、告老致仕，五年后，殁于连城，并归葬副官村团山堡。"雨过山头云泼墨，春来江上浪生花。"这两句诗是凌光斗《华峰秀笔》中的名句。14个掷地有声的文字，席卷着乌蒙山的浓云淡雨。两百多年来，一直濡润着金沙江岸的春草香花，一直启迪和培育着绥江的文人雅士。

隆昌人刘伯墉的绥江情怀

背着年幼的儿子，牵着妻子娇若柔荑、宛如春葱的纤手，小心翼翼走过小汶溪索桥时，刘伯墉已累得满头大汗。他怜爱地看一眼身材妙曼的妻子，强行取下她身上的包袱，强装笑颜地说几句安慰话，继续迈步往前走。

前方是何方，永远有多远。这几亩地，谁家之主，哪一片云是我的天？刘伯墉一边走一边想心事，他脸上虽带着笑，心里却浓云密布、电闪雷鸣。后面那几个彪形大汉，是不是仇家派来追杀我全家的棒客？我究竟躲到哪里才安全？谁能给我一块净土栖身？以后的日子该如何过？

这一年是1875年，即光绪元年，30岁的刘伯墉因乐助贫苦，为一乡民理讼词，状告某豪绅恃强凌弱，强抢少女为妻而惹祸。"远处嚎声破梦，行来难掩哀呻，刀光闪闪轿前行，犹说姻缘天定。"从刘公这首《抢亲》词中，不难看出当时的情景：民女一家伏地哀号，哭天无路，豪绅高价雇来的打手们，手持大刀把花轿围得严严实实。这本来是铁的事实，然而公堂上，道貌岸然的县太爷却偏说被抢少女和豪绅姻缘天定。刘

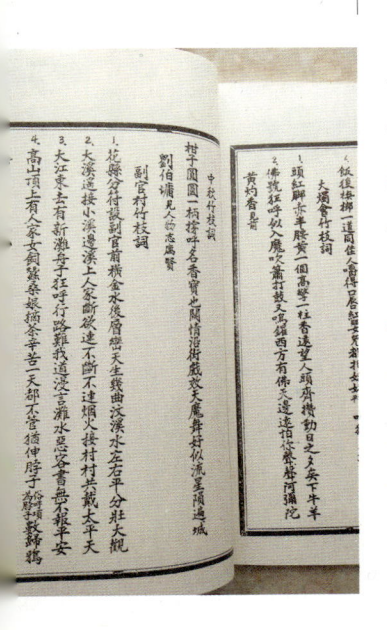

伯墉无事生非、诬告乡贤、破坏民风。强行罚款不算,还要他大摆宴席为豪绅赔罪正名,不然就收监拘押。事后,由于不服贪官的昏判,由于不堪豪绅的打击报复,刘伯墉只得带着妻儿背井离乡,从老家隆昌县悄悄出发,一路经宜宾,直往绥江方向漫无目的地行走。

　　走上凤池坝,刘伯墉眼前一亮,幽暗的心境忽然明亮起来。活水田田,布谷声声,迷茫的烟雨中,农人们或驱牛犁田,或弯腰锄

刘伯墉诗意：田水盈盈一望迷。

草，或行歌相答，或向行人赠送茶水，并询问卡房、九步岩等地的匪情。这柳暗花明的景致，这衣冠简朴古风存的世外桃源，不正是我梦寐已久的地方吗？

刹那间，刘伯墉神怡心旷，顿时忘了诸多伤心事，他一路走一路看，不一会儿就轻声吟出一首诗："凝烟积雪酿春泥，田水盈盈一望迷。听得催耕呼布谷，驱牛犁遍凤池畦。"这首空灵清爽的七绝诗，在以后的岁月中，不仅使刘伯墉一家有了安身活命之所，而且也奠定了他在绥江文学创作史上

的名声及地位。

　　走进副官村，在丁字路口旁一家客栈住下后，刘伯墉就带着新写的诗，挨户拜访名流雅士。他以前执教乡塾，以秀才优选廪生，虽然连考不中，但学识丰厚、口才极好，再加上为人温和谦恭，因此没过多久，就被当地文人接纳、推崇。县丞彭德超是四川双流人，由于刚到任，由于正愁身边没贤达相助，二话没说就采纳了众位乡贤的意见，让刘伯墉长住副官村教书育人，并承诺力保其全家安全。

　　环境、心情好转后，刘伯墉便携妻小在营盘上左侧租房安身，从此过上了教书育人的悠闲日子。由于博览群籍、学问颇深，经常被凤池、副官、新滩、南岸、板栗及永善井底的私塾先生邀去讲学和授课。在绥江从教三十余年，不但培育了凌邦玺、华国魁、邱永孚、钟灵等二十多位贡生、秀才和举人，而且其得意门生黄堃还是光绪戊戌科进士。先生闲暇时，四处收集新知识，手编《簧学初阶》《塾童必读》，寓教于乐，活学活用，极大地提高了副官村的

霞边城郭水边楼

文化品位。

　　文人穷且益坚，不坠青云之志，不管走到哪里，都有一腔忧民爱国情怀，都改不了愤世嫉俗、为弱者鸣不平的德行。尽管有先前的惨烈教训，但刘伯墉还是没管住自己的笔，他为弱者写诉状，并亲自上堂辩护。"不收颗粒赋无轻，可怜庄户人。""催租处处，张村哀泣李村哭。鸡犬不安，又到县衙催粮官。""贪污捞饱反升官，浑水摸鱼成正果"。从这些词句里看得出，虽然饱经沧桑，但刘伯墉依然是一个惹祸的先生，依然有一腔正气。

　　刘伯墉先生对绥江的贡献，除了教出众多品行端正、大展宏图的学生外，那就是留心地方掌故，四处采风访俗，记载不遑，久之成帙。在永善教书期间，先生亲手抄录《永善县志略》中改土归流以来，有关副官分县的史实，然后按方志体例，分项记载成书。民国《绥江县志》大部分都是先生的心血，如无先生到处收集考证、分类记载，绥江清代以前的历史，好长时间都渺茫难稽。

　　"年年水涨到中秋，半壁烟凝半壁浮。一幅丹青开画本，霞边城郭水边楼。"如果说这几行文字是刘伯墉先生写绥江景致中最传神的一首诗，那么，"高山顶上有人家，女饲蚕桑娘摘茶。辛苦一天都不管，犹伸脖子数归鸦。"这首《竹枝词》便是他写绥江风情的神来之笔。娘俩为何辛苦一天都不管，而像孩童一样，伸着脖子数晚归的乌鸦呢？一群又一群的乌鸦都归巢了，远行的亲人，你什么时候能回来？是留恋他乡的美景、佳人，还是路遇匪徒横尸荒野？此诗粗看觉得好笑，细品令人愁肠百结、潸然泪下。

　　刘伯墉先生的诗词作品，既有"西来长住偕家小，得教英才心愿了"的教书之乐，又有"两地同辉不见人"的思乡之痛，更有"百结鹑衣人，一身鸡皮肉。睹此我心酸，哀哉伤世浊"的放声呐喊。最可贵的是，先生的诗词作品，竟然记录了

涨水时的绥江老县城

咸丰十年（1860年），副官村特大洪灾、咸丰端午节、副官村赛龙舟翻船惨祸、金沙江断流、同志军过境等大事件。为绥江人文历史的补充和印证，做出了极大贡献。

贤妻早逝，是任何人都承受不了的重大打击。那千里孤坟，无处话凄凉的悲伤，那数十年的恩爱，那枕冷衾寒的悲苦，那为伊消得人憔悴的刻骨怀想，真真叫人不死都要掉十多斤肉。以前读苏东坡的《江城子·悼亡》，刘伯墉常常自我安慰。他觉得妻子贤淑温存、心地善良，不会走在自己前面，谁知老天爷偏要折磨他，硬逼他写一首撕心裂肺的传世之作："呜呼我俩顿分开，望孤云、臆难排。卿影遽游，料是赴瑶台。能否稍留犹话别？家务事，再安排。频频梦汝泪盈腮，插篓钗，倚楼台。情似疑猜，怨自嘀咕来。若有什么迟慢处，原谅我，请开怀。"

这首《江城子·永诀伤梦》，既是刘伯墉先生所有诗词中，最真情、最悲凉的作品，又是绥江文学史上极具才情、不可忽略的佳作。一声穿云裂石的呜呼，两行渲天濡地的热泪，挟裹着先生忧民伤妻的情怀，挟裹着其妻姣好的面容和美好的品德，时而化作翩翩彩蝶，时而溶入烂漫山花，百余年来，一直灵动在绥江文人墨客的

一篇又向小溪东

心魂里。

栋梁谁是济边才——客死他乡的爱国诗人凌家瑗

1924年7月18日，金沙江水陡然暴涨，绥江城新街、横街及观音楼附近的民房，尽数没入水中。翻波涌浪的浊流，淹至禹王宫月台平坎棱，继续上涨一直淹至乩仙庙。沿江岸的房屋、牲畜、器物漂流而去。县城居民迁避高处，哭声怨声日夜不绝。这场特大灾难，虽让无数居民流离失所，但却成就了一位诗人。大家不幸诗家幸，这位才华横溢的诗人就是凌家瑗。

凌家瑗字淑玉，绥江大汶溪人，生于1899年，其父凌邦铨是同治癸酉科举人，授剑川学正。家瑗幼时贪玩，受业于著名塾师赵镜涵时，整天调皮捣蛋、不干正事。后来其姐夫聂济滇强行把他带到屏山，严加管教，亲自传道授业，家瑗的成绩才有进步。在四川江安中学（当时为四川省立三中）毕业后，凌家瑗的学识阅历和抱负有了很大提高。1923年回到绥江，即任二级小学校长。

绥江文史专家朱明先老师，对凌家瑗的诗十分推崇。他说："家瑗以诗见长，民国《绥江县志》中，家瑗入选七律诗7首，古风3首，五律诗7首，绝句2首，序言2篇，居绥江文化名人被选作品之首，由此足见家瑗在绥江文坛的才华和地位。"朱明先老师是绥江的文化名人，教书之余经常参贤访圣、走乡串巷，收集先贤诗文残稿。如果没有他的热心肠，以及不怕主人厌烦、不畏恶狗拦路的执着精神，绥江的人文历史就没有现在这样丰厚。凌光斗、刘伯墉等先贤的诗文就会随岁月的消逝而消失。

诚如朱老师所说，凌家瑗的诗立意高远、感情丰富、语言

生动精练，颇有凌光斗的遗风。《绥江水灾叹》是家瑗先生亲历家园被洪水吞没后，用心用情用血泪写出来的。这种饱含才华和深情之作，不论世事如何变迁、时光怎样流逝，它都如珠宝，且随时闪耀着摄人心魄的光芒，这就是文学的力量，就是诗人穿透春风秋雨的人格魅力。

"甲子七月十八日，江水滔滔忽涌溢。满城男妇声汹汹，各搬衣什争逃逸。水初才到大门前，继则决滂冒屋脊，徙彼高岗试一望，房屋倏然不见迹。"开篇直接切题，语言干净利落，寥寥几十个字就写出了当时惊险纷乱的场景，足见诗人遣词造句的功底和写实能力。

"无僧庙陈人，墓下籍草上遮树，牛衣杂卧不计数。市厘已变作泽国，更从何处营商务。任尔多金钱，盐米无购处。富人还可

金沙江涨水图

延岁月,贫民生活何能度?凄凉孤儿与寡妇,朝朝哭到日色暮。"这些饱蘸悲愁苦闷的诗句,若非亲历亲见,无论如何都是写不出来的。在这场灾难中,凌家瑗的房屋家产,同样随江漂流:"我家也被阳侯虐,挈眷暂移玉皇阁。"诗人和灾民们一起牛衣杂卧、同甘共悲,直到7月20日水退,方回城在泥沙中清理房屋。

《绥江水灾叹》是凌家瑗的代表作,全诗记叙为主、抒情为辅,真实记录了甲子年那场大灾难,表达了作者同情贫苦人民的善良本性。"最惨月光夜半来,南飞鸟雀鸣声哀,平时见月多欢喜,此时见月愁难开。""新街与横街,尽被泥沙埋,几间残破屋,转瞬今昔乖。""还有汶溪岸,存屋无一半,几个白头翁,倚杖临风叹。"细细品味这些精彩诗句,既能让思绪回到九十多年前的老县城，又能挽骇浪惊涛洗涤我们的灵魂。

同样写金沙江秋景，凌家瑗的另一首诗，风格却与《绥江水灾叹》迥然不同："帆樯络绎映晴空，蜀水滇山路几重。浣女砧敲江月白，飞凫翅打浪花红。数丛沙草微茫外，几点烟霞寂寞中，唯有渔翁闲不住，一篙又向小溪东。"这首诗意境空阔、语言灵动，如水墨风情画，如陈年老酒，如窈窕淑女，让人越看越动情，越品越有味。

《哭义儿》是凌家瑗除《绥江水灾叹》之外，最悲戚的诗："五年成泡影，一现似昙花。伶俐偏怜汝，娇嘻不恼爸。而今徒梦想，风雨更堪嗟。"1923年，凌家瑗5岁的义子突然夭折，这个聪明伶俐的小孩，生前如何调皮，都不惹凌家瑗恼怒。悲戚中，凌家瑗共写了3首五律哀悼义儿。三首诗中，最揪扯人心的是"可怜三岁子，犹自问阿哥"这句尾联。三岁的弟弟，不知五岁的哥哥离他而去，整天追在父母身后问阿哥去哪里了，为何不陪他玩？这种令人一读就忍不住心酸落泪的句子，不是高人，没有千锤百炼的历练，没有父亲的情怀，是想破脑袋也写不出来的。

1925年，阅尽众多家国苦难后，凌家瑗毅然投笔从戎。先在亲戚聂济然营长处谋事，后在川军刘文辉的二十四军中任营、团、旅部文书。当时日本倭寇猖狂，各地军阀混乱不止，凌家瑗的一腔抱负顿然落空。他悲愤地喊道："国家糜烂到如今，书佣难以济苍生。"虽然对军阀们失望，但凌家瑗对整个国家还有信心："扶桑风雨逼人来，极目寰中最可哀。旅大已成强国梦，栋梁谁是济边材？须挥玉斧规疆域，莫听金瓯堕草莱。遥望天涯怀乐毅，何年携剑赴燕台。"从这首诗中，我们不难读出凌家瑗对日本倭寇的愤恨，他希望有一位像乐毅那样的人挺身而出，驱逐日寇，停止内战，振兴国家。"大局如斯谁拯救？挽回端止在吾曹。"从军途中，凌家瑗不厌其烦地给长官和士兵灌输救国救民之道。然而由于国民政府腐败无能，他的报国之志只能在文山牍海中消磨，只能在一灯如豆的小屋里空发"靖乱思诸葛，平纷盼仲连"的感慨。

凌家瑗的诗作，除忧虑国家命运、同情贫民疾苦外，还对日本侵略者怀着切齿痛恨："倭儿可恶，再次相欺辱，二十一条心毒。""列强是貉一丘，自来臭味相投。安得骠姚勇智，胡尘尽扫不留。"

1931年，由于一腔抱负无法施展，由于忧国忧民，由于辗转行军积劳成疾，32岁的爱国诗人凌家瑗英年早逝，客死他乡，殁于军次。

惜哉，一代英才！

愿化红泥肥故土——绥江书画名人群像

在绥江，历来就有黄武凌文的说法。意思是凤池坝黄姓族人的武功冠绝金府两河，大沙坝凌姓族人的文采光耀滇川诸省。此言的确真实不虚。清末民初，凤池坝黄姓人家为抗匪徒抢劫，不但全族习武，而且还选派资质优秀者到少林寺深造。由于高手众多，因此不管是山匪，还是残兵路过凤池坝时，都要派人事先打招呼，根本不敢骚扰民众。

大沙坝凌姓族人，自凌光斗被道光皇帝敕授文林郎，修建集赣闽滇川建筑风格的凌家祠堂后，家风大振，人文蔚起。短短几十年，不但凌桂章、凌凤来、凌邦燮、凌荣昌等二十多人考中秀才、举人，在全国各地任学正、教谕和知县，而且凌邦靖还是光绪丁丑科进士，官至安徽庐江知县、芜湖知府等职。

凌家人除了文章诗词，书画金石方面的成就也非同凡响。凌琢章就是族中的代表人物。琢章字玉成，副官村大汶溪人，咸丰年贡生，曾任沾益州学正。善画墨竹，工欧、柳书，尤善榜书，县城禹王宫的石刻、匾额均是其杰作。

三绝诗书画，一个书画家，如果只有书画成就，而不通

民国《绥江县志》诗词影像 凌家瑗

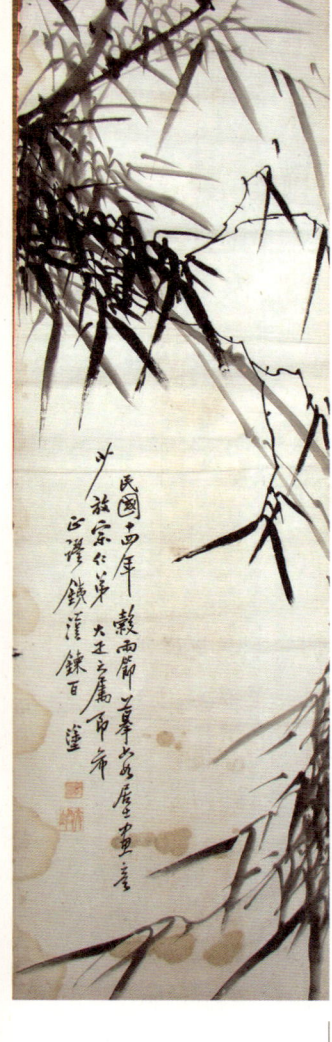

张垣斗作品

诗词文学,那就像鸟一样始终只有一只翅膀,即使能飞,也不能长空翱翔。凌琢章既精书画,更通诗词和地方人文风俗。因此他的成就,绝非一般书画家可比。尽管现在我们已看不到其书画真迹,但从其遗留的诗作中,还是能领略其耿介拔俗的人品、飘逸潇洒的画风。

《画竹三章》是凌琢章的题画之作:"故园新雨夜寒生,簌簌如闻解箨声。恰喜今朝开霁景,夕阳偏向北窗明。"细读先生遗作,一场春雨扑面而来,清丽婉转的杜鹃声中,万物复苏,新笋抽芽。先生一袭长袍马褂,左手端杯,右手执笔,他傲立在大汶溪畔的木楼里,静听雨打梨花、风摇翠竹,其姿态如玉树临风,其神情遗世独立。他喝一口酒,画一枝新竹,听一夜民间疾苦声,题几首绥江竹枝词,那种人天合一的韵致,是多么令人遐想和崇敬。

"新竹高高小竹长,不随群卉自含芳。东风一夜春雷起,引领儿孙化凤凰。"从琢章先生诗里可以看出,他是非常爱竹的。宁可食无肉,不可居无竹。自古以来,真正有风骨的文人都爱竹,都有高风亮节、不仰面低头的品格。人就是竹,竹就是人。一丛破土任风雷,一路青葱直上天。不管世事如何变迁,任凭冰雪怎样疯狂,愈遭扭折愈刚劲,苍苍不改旧时颜。这就是琢章先生的画风,就是中国文人的傲骨和气度。

除了精研书画诗词,琢章先生还通晓地方风俗:"香闺幼女不穿裙,一裹圆袍到处兴。纱帕缠头无老幼,腰围裹肚系长绳。"这种奇风异俗和独特民风,若非先生用诗记录,我们如何知道绥江先民的生存状态?"春夏秋冬总一般,不分寒暑雨绵绵,披裘过伏寻常事,终岁围炉不断烟。"三伏天仍然披着厚厚的毡裘,一年四季都围在火塘边。在这种恶劣的环境中生存,先民们要付出多少代价?要有何种毅力和自信才能繁衍生息?

老县城禹王宫的石台上,刻着"腾蛟起凤"四个大字,这四个龙飞凤舞的欧体书法。就是凌琢章先生的杰作。据老一辈人说,经常有外地文人慕名前来欣赏、临摹先生的手书,有的人在禹王宫一

韩瀚作品：平湖泛舟

站就是大半天。旧时绥江的私塾老师授课，隔不多久，就要叫学生们抬着桌凳，备好文房四宝，到禹王官门前临写"腾蛟起凤"四个大字。

凌琢章先生不但自身成就很高，而且还培养了书画名人华文甫。华文甫外号华懒王，平常懒得出奇，从不挥笔。答应人家的字，往往一拖再拖，拖得人家找上门哀求，他才抽足大烟一挥而就。相传，华文甫少年放牛，受其舅舅凌琢章的影响，经常用河沙和茅草在石板上写大字。他的字一般人难求，传说他曾在宜宾大观楼，用破毡帽写大字力压群雄，其匾额榜书卖到二两纹银一个字，尚且求者不绝。

华文甫之后，清末民初的张垣斗，通过刻苦学习，也成了远近闻名的书画名家。垣斗先生字文瀚，号铁汉，他的书画，继东坡之笔，有板桥遗韵，很受世人喜爱，求者无数，最远传到了日本。民国初年，川军刘文辉，高价聘请张垣斗教其姨太太学书画。垣斗先生厌其军阀作风，毅然拒绝其挽留，辗转成都、重庆，最后在南京定居。

受凌琢章、华文甫等先贤的影响，绥江书画界人才辈出，不断涌现行家新秀。而今，张有光、韩瀚先生的书法遗作，杨松葛先生的国画，范荫棠先生的小楷，赵咏华先生的行书，悄然成了收藏家们青睐的藏品。此外凌明先生的山水画和墨竹，也成了抢手货。

韩瀚先生1928年生于昭通，20世纪50年代来绥工作不久即被打为右派，1980年落实政策后，在绥江工商银行工作直至退休。先生书画双修，功底深厚，为人谦恭低调，书体自成一家。范荫棠先生，自号靖江庸人，生于范家岗书香门第，研习楷书四十余年，晚年转入行草，其人耿介拔俗，其书法力透纸背、苍劲潇

范荫棠书法

洒，赫然有大家风范。杨松葛生于绥江大汶溪畔，早年师从嘉州画派何廷光等著名画师，后为云南著名山水画家，其山水、人物作品飘逸灵动，意境深邃，栩栩如生，很受省内外藏家青睐。赵咏华出生书香门第，其祖父赵镜涵先生，是绥江民国时期著名文人。赵咏华书画兼修、为人谦和，作品与人品相等，深得绥江文艺界人士推崇。

凌明作品

凌明号白丁，1957年生，任绥江县文化馆馆长近二十年，系云南省美术家协会会员，曾多次在《中国书画报》发表国画作品。凌明一生爱竹、画竹，师法著名画家王晋元和张蒲生，其画风严谨中见潇洒，婉约里显豪放。

凌白丁先生对绥江的最大贡献，是其临终前遍查资料，遍访老一辈贤达，集数年心血，凭查到手的资料和上辈人的记忆，用国画形式将早已消失了的，诸如禹王宫、万寿宫、三观楼、斗姆宫、魁星楼、汶津门、凤池坝旌表节孝牌坊等文物古迹全貌，重新展现出来，让后人们能够清晰地溯本求源，得到灵魂上的真正皈依。

凌明先生的墨竹，很有其先祖凌琢章先生的遗风。冗繁尽削留清瘦，隐然有大家风采。2010年，白丁先生因病提前退休，不久遁入空门专心参禅、习画。一年后，先生旧病复发，客死他乡。

呜呼，美酒华章谁共品，悬崖古道孰同行？

走出峡谷，乘长风破万里浪

　　诞生于崇山峻岭和流烟曲水间的绥江人，既有山地文化的粗犷，又有河流文化的秀逸，崇文博学、勇武质毅，兼有蜀人的机灵能干和滇人的忠厚耿直。和平时期，绥江人平易随和，耕读为本，勤俭持家。战乱年代，绥江人也会拍案而起，以身许国。太平军过境绥江，红灯教祸乱绥江，川滇军阀为抢占地盘在绥江拉锯争夺……绥江儿女何曾惧怕过，妥协过？

　　这里走出了著名抗日将领杨宏光、参加中条山抗战的朱德好友谭善洋、原昆明市市长曾恕怀、六十军军需官邱向之四位将军。整个抗日战争期间，区区五万多人口的绥江县把2800名健儿送上前方，将士们面对凶残的日寇毫不畏惧、骁勇善战、前赴后继，无一逃兵，无一投敌，据不完全统计，共有152人喋血沙场。

新三军军长杨宏光将军

　　大男人不好做，好长官更难当。

　　从 1937 年重阳节，到次年清明节，旅长杨宏光几乎都是在疲惫、忧虑和忙碌中度过的，根本没清闲过一天。

　　自跟随卢汉军长及张冲师长，从昆明踏上抗日征程的第一天起，杨宏光就把个人生死置之度外，心里一直在思索，如何战胜日寇的问题。由于在绥江名儒刘伯墉门下受过良好的国学教育，因而杨宏光既有乘长风破万里浪的雄韬壮志，又具哀民生之多艰的悲悯情怀。他深知一个合格将领的威严，不是刚愎自用、作威作福，而是谦恭礼让、平易近人，对上诚恳服从，对下同甘共苦。所以在昆明经贵阳至常德结集的行军途中，他坚持把战马让给患病士兵骑行，自己每天和士兵同行同吃同宿营。除详细了解下属的困难、病

杨宏光

痛、家庭情况和思想负担外,他还经常与昭通,特别是绥江老乡纵论时事,畅叙故土风情,揭露日本鬼子的残暴罪行、侵略本质,以此激发官兵们保家卫国的浩然正气。

杨宏光,字柏城,清光绪十八年(1892年)生于云南永善县副官分县三星里古楼村石简槽(今属水富县太平镇)一家境殷实之农家。1916年投考北洋陆军军官学校(保定军校),次年录入第六期工兵科。1919年2月毕业回滇后任唐继尧部工兵营营长。1930年任省编练委员会办公厅主任等职。1935年任滇军第三步兵旅副旅长(龙云兼旅长),后任代旅长。1936年任滇黔绥靖公署独立第二十三旅少将旅长。

1938年4月22日拂晓,六十军抵达台儿庄战场,由于于学忠、汤恩伯部溃退,第五战区司令长官李宗仁隐瞒消息,杨宏光的五十一旅,首先于陈瓦房与敌遭遇,打响了本土滇军抗战的第一枪。

26日傍晚,日军集中火力,猛击我东庄阵地,持续达一小时之久,发射了五千多发炮弹,团长严家训在战壕中巡视时被击中,伤重牺牲。27日午后,日军企图中央突破,直取台儿庄,调集重兵猛攻正面。傍晚,敌人集中几十门大炮轰击东庄、火石埠。军长卢汉命令杨宏光打伏击战。当敌军炮击一停,杨迅速将部队撤至东庄前面,埋伏于麦田里。敌军大部队果然涌至,在距东庄1000米处,敌军以火力试探,我军隐伏不动;敌军行至约500米处,发起冲锋,我军仍按兵不动,敌人遂以为我军全被炮火轰光,便蜂拥而至。待敌人到达50米之内,张仲强、陈开文两营伏兵齐起,轻重机枪并用,敌人措手不及,乱作一团,接着展开白刃战,不到半夜,敌军来犯之敌1000余人几乎被全部消灭,缴获轻重机枪50余挺、步枪700余支、战刀30把,军用地图、文件、护身符、千人缝等不计其数。杨宏光亲自指挥的东庄伏击战,挫败了日军正面突破台儿庄的计谋,让其领教了云南蛮子兵的厉害,显示了"滇

军精锐，冠于全国"的威风。

徐州会战后，蒋介石令云南以一八三师为基础组建新三军，杨旅转属该军，长期率部在赣江流域抗敌。同年9月，滇军参加全国抗日战场上规模最大的武汉保卫战，担负江防任务，成功地将日军增援部队第九师团，阻止在汉北不能前进，顺利地保证了武汉市民及政府机关安全撤退。

1939年2月，杨宏光升任六十军一八三师师长，所部一面整训，一面参加南昌会战，在奉高、高安攻防战中牵制敌军。4月27日，日军以一个步战混合大队，突进六十军阵地制高点龙形山，龙形山守军第一八三师第五四九团败退，杨宏光命令第五四八团段家珍团长，亲率两个连迂回日军突进部队，第五四九团正面死守，挡住日军，在龙形山前形成对峙之势。28日，杨宏光命令前来支援的友军炮三连，六门七十五山炮炮轰当面之敌。日军措手不及，不支后窜。夜间，杨宏光投入第五四七团正面突进，日军的挺进大队抵挡不住，逃回奉新，一八三师抢回龙形山据点。数日后，日军在一次对一八三师的突袭中动用战车协同进攻，师部高射机枪连配合炮三连炮轰扫射，击伤多辆战车，日军反而被一八三师的优势火力吓退。

1939年9月至1942年1月，杨部参加了三次长沙会战，累建战功。1940年5月10日，杨宏光任新三军代军长，1941年1月17日晋升新三军中将军长。

1945年8月15日，日本天皇裕仁宣布无条件投降。翌日，第九战区司令官薛岳，任命杨宏光为九江前进指挥所主任，要求新三军日夜兼程到九江，接受日军第六方面军司令、兼第十一军军长笠原幸雄的投降。笠原幸雄统辖湖北、湖南、江西、广西、贵州各地的日军，九江属敌十一军兵站驻地，作战物资、车辆船只很多，该军所辖部

杨宏光书法

队大部未能撤走，南方各省日军也陆续北上到九江聚集，所以九江是华中日军受降的重点。杨宏光率部于8月下旬到达沙河，命令日军九江守备司令晋见，当即指示：驻九江日军所有武器一律收缴仓库，并绘图具报各种仓库的地点位置。原驻九江市附近日军一律集中在日军原先圈划之军事区，让出市区所有军营，派人打扫卫生，待新三军进驻，统限三日内完成任务呈复。9月3日，新三军浩浩荡荡开进九江，百姓倾城出动，扶老携幼迎接，道路两旁人山人海、锣鼓喧天、鞭炮雷鸣，欢呼之声惊天动地，屋顶、树上、楼窗门户到处都是欢迎的群众。激动的人群簇拥着将士们，杨军长所乘的车辆被人群围住，时走时停。有位须发皆白、年龄七十余岁的老人，举起右手拇指，悲喜交集地说："久不见汉官威仪，今见国土重光，我死也无憾了！"

9月5日，新三军司令部庄严肃穆，笠原幸雄、参谋长富佛伴藏、十三师团长、二十二旅团长、八十四独立旅团长等一行日军军官，向新三军军长杨宏光、参谋长卓立、一八三师师长余建勋、新编十二师师长唐宇纵等人脱帽行鞠躬礼。礼毕，笠原幸雄在受降书上签字，并解下悬在腰间的军剑，双手呈交给受降主官杨宏光。该剑为800年前铸造，是日本天皇所赐，被笠原幸雄视为珍宝。6日，新三军开始接收日军的武器弹药、军事装备和军用设施等，历时十天。据统计，共接收日军第十一军所属步兵第十三师团、第五十八师团、第二十二旅团、第八十四独立旅团、第八十七旅团以及海、空军和后勤人员共63000余人，战马7900余匹，步枪30000余支，轻重机枪2000余挺，山炮、野炮、海岸炮、守城炮以及各种步兵炮等1000余门，弹药器材以及其他军事物资200余库，各种汽车、摩托车300余辆，运输轮船包括商轮、小汽艇、小驳船、小火轮等100余艘。还有工厂、场站、修理所等100余所。

九江受降，是抗战时期云南军队主持的第一次受降仪式，这是对新三军的健儿们宏民族之光、浴血奋战的最大褒扬。

1945年9月下旬，新三军这支光荣的抗日杂牌军奉命裁撤，杨宏光擢升第一集团军副总司令，1948年6月出任设于锦州的第六兵团副司令官。外受中央军嫡系歧视、内有滇军卢派势力排挤以致明升暗降的结局，特务的严密监视和毫无胜算的内战前途，使杨宏光颓废至极。1946年5月30日，其旧将潘朔端师长率一八四师举行海城起义，揭开了滇军走向新生的序幕。10月15日，锦州解放，杨宏光被俘，旋即释放，以争取其旧部。杨宏光回滇后，于1949年初出任云南省军管区副司令，后任云南省保安司令部中将高参，12月9日在昆明参加起义，为云南和平解放做出应有贡献，保持了晚节。

杨宏光一生戎马，不带家眷随军，家人一直居住在县城营盘上（老城县幼儿园）和太平老家。抗战前后，将军在1940年、1945年和1946年三次回家。1945年秋，回绥江三天后便装出席绥江中学欢迎会，介绍抗战情况，鼓励学生努力学习，争当栋梁之材，将来为国家出力，赠送学校一个缴获的地球仪，1库大约500册的中学生文库，赠送全校200名学生每人两支维纳斯铅笔盒、一札印有USA的美国航空信封。1946年冬，继母去世，杨宏光回家安葬，从太平沿会仪溪步行，至会仪上船，运至县城汶津门上岸，将军全身缟素，念及忙于报国而未尽孝，一路痛哭流涕，借助孝棒才得以前行。绥江百姓深受感动，说忠孝节义，杨军长是真正做到了。办完丧事后，杨将军穿着便服，亲自带一份礼物到新街子看望95岁的寿星江伯珩。据陈德富回忆，江老很激动，笑着说："我是一个老百姓，怎么敢劳军长大驾。"杨将军说："我回到绥江来也是一个老百姓呀！你是城里的老寿星，我应该来看你。"将军看望寿星出来，看到一个小孩在街上跌倒，连忙走上前去扶起来，并替他拍去身上的泥土，笑着用绥江话说："小娃娃以后走路要下细点。"这件事在老百姓中传为佳话，称赞将军尊老爱幼，没有一点官架子。

杨宏光不因致仕而骄奢，而是不分贫富贵贱，友爱乡党。曾有范、芶二人"浮上水"，在将军回乡之际，自发在门前站岗，遇一衣服褴褛的老头欲进门，便大声斥责，阻止进入，适逢将军走出，老头大骂："杨宏光，你当官不得了，喂起狗咬人了。"老头是将军亲舅，将军遂下令今后不准任何人把门。因营盘上老宅破旧，将军想拆除新建。有人建议他将前邻吕陶村秀才的几间街房买下来，或用新街子的店房换过来，扩大公馆的建筑面积。吕家的房子楼上是旅店、楼下是茶馆，一家人靠此维持生活，既不愿卖，也不愿换。私下里议论说："杨柏城当大官了，看不见老百姓了，他修公馆要撵老百姓搬家了。"杨宏光将军听到这些议论后，很受触动，决定改变自己的想法。在绥江中学为他举行的欢迎会上，县长黄崇华，国民党县党部书记赵元章推他坐首席，将军谦逊地说："你们是我的父母官，我是你们管辖的老百姓，我不能坐首席。"坚持坐在第三个位置上。他对全体在场人员表态："我虽然当了一个不大不小的官，回到了家乡绥江仍然是一个老百姓，官高不压乡党嘛。我杨宏光不做对不起绥江父老乡亲的事，也不买房换房修什么公馆了。"杨宏光将军说话算话，家人仍然住在原来破旧的房屋里，直到1952年县幼儿园迁入。

将军虽少有时间返回故里，却十分关注绥江。1936年向绥江图书馆捐赠书籍，1946年向绥江中学（今绥一中）捐献100银圆购买图书。当得知大汶溪义渡经费紧张，便将祖上遗留下来的谷租数石之土地捐出。其位于昆明翠湖边的寓所更是绥江人外出求学、参军、寻职的接待处，将军对这些青年才俊多有奖掖。

1950年6月13日，杨宏光将军在昆明病逝，终年58岁，其抗日壮举将永远彪炳史册！

朱德的同窗好友谭善洋将军

谭善洋（1891—1963），清光绪十七年（1891年）元宵节，出生于云南永善县副官分县三星里三道水谭家湾（今属绥江县会仪镇三渡村），字又佛，号举龙、友佛，兄弟三人并称"谭氏三龙"。民国时期滇军中将、国民革命军少将，先后参加过辛亥革命、护国战争、靖国战争（护法运动）和抗日战争。

宣统元年（1909年），谭善洋入新军第十九镇随营学校，半年后并入云南陆军讲武堂，与朱德同属丙班，因秉性相同、口音相近，二人遂成莫逆之交，中华人民共和国成立后还有书信往来，相互和诗。朱德曾评价谭善洋"聪明寡合"，谭终生引以为豪。

宣统三年（1911年）毕业后，谭善洋任滇军十五标二营排长（朱德也为该营见习排长），旋即参加辛亥革命之重九起义。1912年，调任步兵第三团第二营第五连连长，驻临安（今建水）。因作战勇敢、指挥有方，深得上司赏识，两年后晋升为步兵独立第二营营长。1915年，随护国军入川讨袁，任二十五团（团长朱德）第

二营营长。从此,将军便在朱德部任营长、支队长、旅参谋长。1917年任靖国军第三纵队(纵队长朱德)第二支队支队长。1918年,南溪匪患严重,朱德以第三混成旅长兼下川南清乡司令,派谭善洋以旅参谋长兼署南溪县知事,历时九个月,深受南溪人民爱戴,南溪旧县志载其事迹。该县衙门大堂两侧一直悬挂到中华人民共和国成立时的对联"官从铁血中来,去留听命;事本良心上做,毁誉由人"即将军撰写。

1936年,时任中央陆军大学教育长、滇军旧长官的杨杰邀谭善洋入陆大特三期(将官班)就读。1939年在长沙毕业,被任命为国民革命军第三军(老滇系)少将参谋长。该军转战河北、山西,与八路军合作抗日,建立中条山根据地,给日寇以沉重打击。1941年,日军扫荡中条山,该军十二师遭袭,军长唐淮源(云南江川人)、师长寸性奇(云南腾冲人)战至最后一刻,自杀殉国,谭善洋率军部转战旬日,在弹、粮、援、路四绝之下被俘。先送北平清华园,后解南京李公祠,备受折磨,汪精卫亲劝其降,不从,后因所解禁,可于市区走动,乃得与其副官在1942年3月乘隙化妆逃离,历经艰险,在安徽河溜集获救,3月16日到西安报到,任胡宗南部少将高参。虽经上峰专案调查,并无失节之事,但仍然遭受特务监视,思想消沉至极,有诗为证:"万里归来万劫身,一家无事不伤神。满腔隐痛凭谁语,料是前身种孽因。我从万死得身还,打破重重叠叠关。每日但求有杯酒,任何仇恨一起删。"

1944年冬,所部整训,将军以"料理家事"为由乞假回宜宾(其家原住城内黄家祠,1941年遭敌机炸毁),以后即未返部,次年9月抗战胜利后即退役赋闲。1950年,向宜宾人民政府公安部门登记。此后,应朱德之邀担任中央文史馆馆员,并任宜宾市政协委员。

将军以武人之躯而好赋诗著文,凡历史、山水、风物、人文、时弊,所见必录于笔下。将军晚年常饮酒吟诗,醉后与人

谭善洋

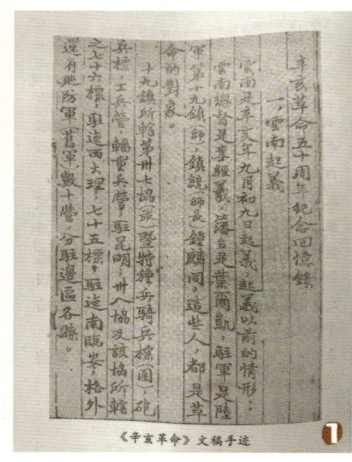

辛亥革命五十周年紀念回憶錄

一、雲南起義

雲南是辛亥年九月初九日起義，起義以前的情形：

雲南總督是李經羲，藩台是葉爾凱，駐軍是陸軍第十九鎮（師），鎮統（師長）鍾麟同。這些人，都是革命的對象。

十九鎮所轄第卅七協（旅）暨特種兵騎兵標（團）、砲兵標、工兵營、輜重兵營，駐昆明；卅八協及該協所轄之七十六標，駐迤西大理，七十五標，駐迤南臨安，格外還有巡防軍（舊軍）數十營，分駐邊區各縣。

《辛亥革命》文稿手迹

❶ 谭善洋书法

❷ 谭善洋故居

畅谈，笑声四溢，人称“乐天”。将军爱竹，曾从南溪移植优等竹苗到老家三渡栽种。先生的《雨竹》诗，才气纵横，堪称佳作：“森严如阵密如戈，傲世精神永不磨。最喜一经新雨后，甲兵十万洗银河。”严冬时节，看劲节孤高的修竹傲霜斗雪，将军便诗兴大发：“盘根错节出岩疆，浩气如虹万丈长。曾向雪中鏖百战，参天老干更坚强。”将军一生著作有《辛亥革命五十周年纪念回忆录》《仗节录》《大聋诗稿》等。1991 年 4 月，绥江县政协与宜宾市政协联合选编了八万余字的《谭友佛先生文史遗稿选》。

1963 年 2 月 23 日，谭善洋将军病逝于其第二故乡宜宾市，终年 73 岁。

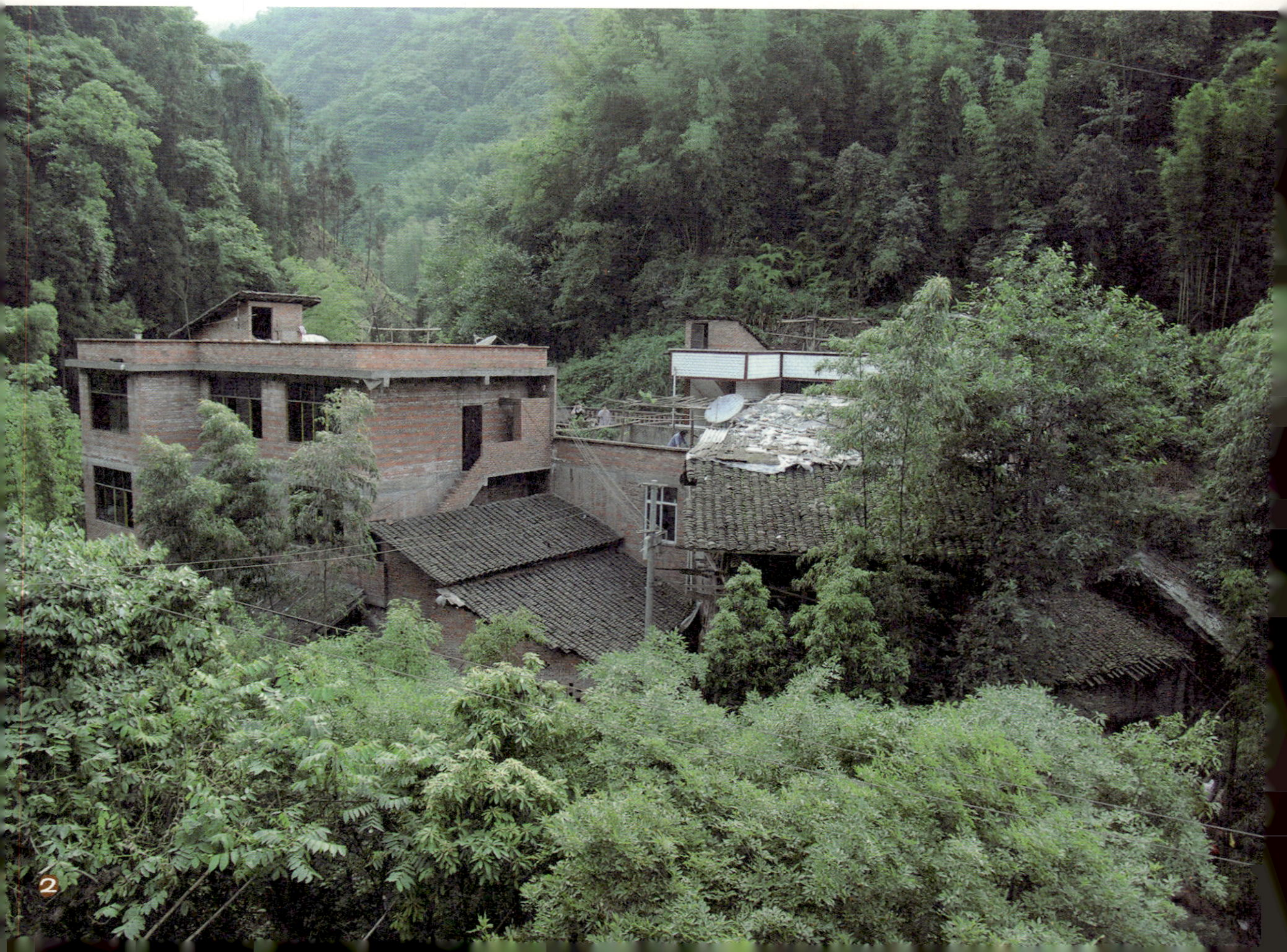

曾恕怀故居一角

原昆明市市长曾恕怀将军

　　曾恕怀，字竹虚，清光绪二十六年（1900年）6月4日，生于云南永善县副官分县副官里（今绥江县中城镇）。曾恕怀幼年就读私塾和县立男小，师从县内名儒锺秀珊。其时曾家租佃王家花园土地耕种，因付不起田租，遭逼租蹬瓦。其父一病不起，加之民初绥江兵祸连连，家道中落，无力升学，为求温饱，曾恕怀14岁只身到成都求学，考入海军学校，又遇川军内战，无果而终。次年适逢靖国滇军一旅旅长马聪（字德安）驻守永绥的段恩膏补充大队招兵，前去报名，因有相当文化程度，被录用为二级编修，后参加马旅攻打叙府，旋在自流井入旅部任录事。

　　1918年，曾恕怀随靖国军返滇，考入云南陆军讲武学校

十四期步科。在这所造就了诸多中外将领的名校，曾恕怀接受了正规军事教育，开设学科和术科，每天三操两讲，要学英文，还要到野外演练。他勤奋好学，处处严格要求自己，学、术各科成绩优异，练就了睡觉也能骑马等本领，以第三名毕业，唐继尧亲自为之佩戴指挥刀。毕业后分在滇军三旅机枪连任少尉排长。1926年在"六·一四"倒龙政变中，因营救龙云有功，递升连长、营长、团长，28岁时升任三十八军第三师五旅少将旅长，1929年秋第二次滇桂战争爆发，任讨逆军第十路军第九十九师第四旅旅长，次年因与卢汉意见分歧，在罗里整编中被撤掉旅长职务，离开滇军。

此后，曾恕怀人生轨迹的核心主要在政界。回滇后，龙云任命其为云南陆军宪兵司令，以示安抚。1932年，任麻栗坡特区对汛督办，在任三年半，调任云南陆军兵工厂少将厂长。1944年10月，曾恕怀被授予国民革命军少将军衔，1945年11月退役。1946年调任第一方面军任少将副官处处长，随卢汉入越受降。同年任昆明市市长。1949年12月9日，曾恕怀参加云南和平起义，担任云南省临时军政委员会委员、昆明市军事管制委员会委员。1950年3月28日，曾恕怀被任命为昆明市人民政府副市长，一直至1968年。此外，还历任昆明市各族各界代表会议协商委员会、市人大常委会一至三届常委，第五届副主席；昆明市政协一至五届副主席。1979年当选民革五届候补中央委员，1981年增补为民革中央委员，1982年成立民革昆明市委员会时当选主任委员。

曾恕怀治军从政均有极好的口碑。在宪兵司令任内，在龙云的支持下，秉公执法，对寻衅滋事的兵痞严加惩戒，为社会所称道。他首先拿在滇军中有极高威信的高荫槐将军的副官、军士开刀，令宪兵将这些有恃无恐、闹事扰民者抓起来狠狠责打军棍。滇军军纪军容为之一新。由此得罪了许多人，逐渐门庭冷落车马稀，龙云念其生活拮据，连过年都成问题，遂授以麻栗坡特区对汛督办肥缺。督办的权力很大，兼管行政、军事和外交，又远离省府，但曾恕怀依然清正廉洁，1936年离任时，麻栗坡人民为之送行，依依不舍。

曾恕怀故居

市长任内，不徇私情，坚决打击刑事犯罪，从重从快处理"鲁道源家属被抢案""'天下第一营长'劫杀案"等大案要案。中华人民共和国成立后，他严于律己，从不占公家小便宜，因私用车，用后立即付钱。年老体弱，需要买调理药品，自己掏钱，从来不向公家报销。

曾恕怀痛恨殖民强盗，竭力维护民族尊严。1935年，商人罗君用在越南河江省做生意被无端扣押，受尽折磨，曾恕怀照会法方，要求立即放人。法方理亏，被迫将罗释放，送回中国，途中故意绕道，将罗君用折磨致死。曾恕怀闻讯大怒，不理睬法国殖民当局不准中国人携武器过境的禁令，立即着黄毛呢将军制服，率二三十名随从，全副武装，直接开赴河内，义正词严地与法方交涉，迫使其向家属赔偿抚恤金。抗日军兴，云南编组六十军，曾恕怀请缨出征，但龙云未准。为此，他曾引以为憾，后来想到兵工厂生产的枪支弹药是用来补给滇军在前线杀敌的，也是救国所需，便释然了。因此他要求工人严把质量关，每次试射，他都亲临靶场射击或投掷手榴弹。驻防越南期间，对在第一方面军司令部升法国国旗的谬论，严厉痛斥，直至回国时，越南北纬16°区域终未飘过法国国旗。

曾恕怀任市长时着力进行市政建设。他在整顿市容市貌的同时，特别注意不扰民，更以促进民生为目标。如下令取消公

娼，封闭云津市场"集园"（妓院），由警察局女子感化院，向鸨母和妓女传授生产技术，由民政局解决她们的就业问题。对市内乱摆乱开的摊点，他下令警察局将宝善街消防队公有空地让出，兴建市场，集中安置。针对昆明水电紧张状况，他下令整顿耀龙电灯公司和市自来水厂。他秉承自赛典赤抚滇以来的传统，亲自抓滇池治理，继续完成昆明第一座现代水库谷昌坝水库建设，中华人民共和国成立后主动要求担任海口河管理委员会主任委员。曾恕怀高瞻远瞩，认真抓好城市绿化、街道布局和排水规划，如在圆通公园种植许多樱花和西府海棠，新建亭台楼阁和抗日将士纪念碑，翻修扩宽部分主要街道：将石铺的正义路扩修成水泥路；新建祥云街，沟通南屏街、宝善街和金碧路；将原三蠹巷同华山路拉直修成民权街；二蠹街和文庙街拉直修成民生街；拆除大西门的城楼，修通西站公共汽车路；修建南太桥等等。

曾恕怀关心教科文卫事业，在麻栗坡任职期间，亲自兼任麻栗坡乡村师范暨两级小学学监，并捐助《小学生文库》约一千册，每年都参加毕业典礼，赠言勉励。1937年响应绥江中学校长杨华英的倡议，与杨宏光等人为绥中捐资购买《万有文库》一套，11年后，因念及"吾绥僻处边隅，文化教育亟待发展"，又为绥江县中、县小、幼稚园捐款法币二亿元购买图书。1947年，他颁布了保护真庆观的布告，并立碑告示，这是昆明历史上第一块保护古建筑的碑文。曾恕怀还倾力改善昆明市立医院，几次出面请求卢汉将靖国新村保险公司的一幢楼房划拨给医院，并派人从香港请"亚洲球王"李惠堂和马连良剧团来昆公演，所收款除支付酬金外，全部拨给医院购买设备。1990年，曾恕怀独子曾志坚按其遗愿，将昆明北京路花园街别墅捐赠给云南省香料科研中心。

曾恕怀一生追求进步。在越南受降期间，受卢汉之命，多次接触胡志明，送其武器，支持越南民族解放事业。任昆明市长后，尽力掩护共产党员和进步人士，如市政府人事科长、地下党员马仲明被特务告发，卢汉下令抓捕，曾恕怀暗中通知马仲明，并给他一笔旅费，要他赶快离开昆明，等到曾恕怀下令逮捕马仲明时，马已离开昆明，到"边纵"控制的解放区去了。1949年8月，为中国人民解放军军情人员和建元接触

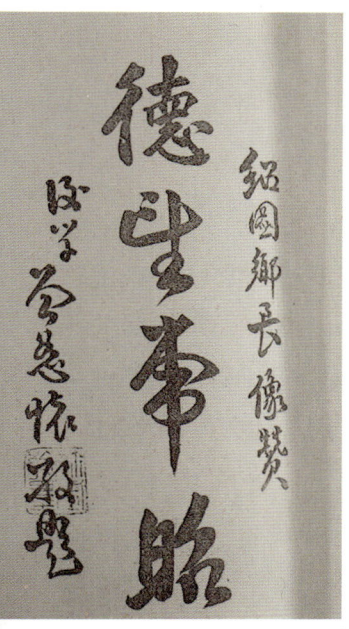

曾恕怀书法

段希文提供帮助。在"九九整肃"事件中，进步人士、进步学生、地下党400多人被逮捕入狱，军统大搞刑讯逼供，被兼任临时指挥部指挥的曾恕怀下令制止，拒绝为毛人凤开出的处决200人名单盖章，并写报告向卢汉说明"我不同意"。11月初，代总统李宗仁来昆明，曾恕怀建议卢汉向其报告，经李宗仁批准释放所有被捕人员，包括杨青田、马伯周等人。1949年2月12日在南屏街血案中，劝阻卢汉不要滥杀无辜。

1949年，人民解放战争胜利在即，国民党的统治摇摇欲坠，云南已处于半解放状态，国民党当局企图将云南作为其反攻的基地，大批特务涌进昆明，控制了昆明的社会治安。卢汉在各种因素的综合影响下，准备起义，单独约见曾恕怀，曾分析：共产党必定成功，蒋介石倒台在即，形势已很显著，坚定了卢汉起义的决心。卢遂下令将警察局划归市政府，由曾兼任局长。曾恕怀上任后立即撤销警察局内一批军统特务的职务，全部换上可靠的人。1949年12月9日，曾恕怀参与并协助卢汉领导云南和平起义，是卢汉起义倚助的三驾马车之一，他还下令逮捕徐远举、周养浩和郭旭等一大批特务和反革命分子，维护社会治安，保卫人民生命财产，要求各部门认真保护档案物资，听候接管。昆明保卫战时，他指挥七、八两区警察和自卫队参加战斗，捍卫了起义政权。云南和平解放到1950年3月市政府被军管会接管前，起义后的市政府机构和人员未作大的变动，因此曾恕怀也是昆明和平解放后的第一位市长，是昆明历史上唯一一位任过民国时期的市长和中华人民共和国昆明市长的人物。

1983年2月12日，夏历大年初一，云南省和昆明市在胜利堂举行团拜活动，曾恕怀感觉精神不好，家人劝他别去，但他坚持要去，在团拜过程中过于激动，突发脑溢血，后经抢救无效，于2月20日22时35分去世，终年83岁。

红岩上的绥江黄葛树——苟悦彬

"红梅花儿开，朵朵放光彩。"

一听到这熟悉的旋律，每个人的脑海里可能都会立即浮现出充满英雄气概的许云峰、宁死不屈的江姐和装疯卖傻、忍辱负重的华子良，以及天真可爱、富有正义感的小萝卜头等英雄群像。但你是否知道，这些在烈火中永生的红岩英雄群体当中，也有一个绥江

家乡新貌

人,他,就是年轻的革命志士——苟悦彬。

苟悦彬烈士1919年出生于绥江县中城镇城区孙家岗,他自幼勤奋好学、志向高远。始读于私塾,从旧学启蒙,小学毕业后在父亲经营的杂货店看守柜台。苟悦彬一边坐柜,一边看书,从不放弃读书的机会,常向父亲提出外出求学的强烈愿望,给父亲讲自己学成报效国家的志向。他通过在军旅做事的二哥悦宣给父亲写信,又通过亲朋好友做父亲的工作。父亲终于被他矢志求学的精神、坚持不懈的毅力和报效国家的决心所感动,同意他继续读书,苟悦彬方得以先后就读于成都济川

中学和成都高级工业职业学校。从高工校毕业不久，父亲去世，家道由殷实渐趋中落，苟悦彬毅然决定负债读书，考入湖南战车工程学院战事技术科。1945年夏，苟悦彬从湖南战车工程学院毕业却报国无门，毕业便失业，家庭经济更加困难，生活更加清贫。1946年春，苟悦彬受聘于绥江中学担任数学教师，不久，得知成都高工校时的同窗好友赖琮瑜，在重庆二一兵工厂任工程师，于是辞去教学工作，赶赴重庆谋职。经赖琮瑜介绍和担保，苟悦彬考入重庆二一兵工厂，受聘担任技术员。

苟悦彬进入二一兵工厂后，于1947年10月加入中国共产党，成为中共重庆地下党情报工作人员，从事《挺进报》在兵工厂内的传递工作。《挺进报》是重庆地下党办的油印小报，主要登载新华通讯社社论消息，解放战争各战场、战况，中共中央重要文章摘要及对时局的评论等。1948年春，由于叛徒出卖，《挺进报》遭到国民党特务破坏。按照地下党组织通知，苟悦彬首先将厂内已经暴露身份的其他党员及时进行疏散转移，但他自己却来不及转移而于4月15日被捕，监禁在重庆渣滓洞"中美合作所"。

在狱中，苟悦彬与关押在渣滓洞里的其他同志团结一心、坚贞不屈，利用一切机会同敌人展开顽强的斗争。第二狱室监禁的新四军战士龙光章，被穷凶极恶的国民党刽子手活活折磨至死，并想草草掩埋了事。狱中地下党组织为了在政治上打击敌人，激励难友斗志，争取改善狱中生活，保存革命力量，决定组织狱中同志进行绝食斗争。苟悦彬和周世楷、蓝国农被推选为代表，在绝食斗争中，他一直站在斗争的前列，同敌人进行针锋相对的谈判斗争，终于迫使特务们接受了条件。通过绝食斗争，成立了由每狱室推选一人组成的伙食管理委员会和消费合作社，每月由委员两人依次轮流称米、碾米，送饭给狱室，改善了狱中的生活。苟悦彬连任了两届伙食委员，在合法身份的掩护下，加强了各狱室斗争行动的联系，使渣滓洞18间狱室被监禁的同志的斗争连成了一个整体。

1948年秋，渣滓洞疟疾、痢疾流行，苟悦彬也染上病病倒了。特务们专门将楼下第八狱室作为重病房，把认为不能医治的重病号转囚第八狱室隔离。苟悦彬顽强地同病魔及特务们的折磨做斗争，鼓励同室患病的难友，每天坚持在有限的空间里进行体育锻炼。在与同室监禁的四川屏山人齐国才交谈中，问及他的家庭和今后打算时，苟悦彬慨然答道："胸怀报国志，不问家与身！"

苟悦彬在刽子手的刑讯面前坚贞不屈，在生死的抉择上坦荡从容、视死如归，同敌人软硬兼施的花招展开了不屈不挠的斗争，未向敌人吐露我党的半点秘密。他在给党组织的信中写道："我生活得很好，请转家人放心，入狱后受了七次刑，没有问出什么就算了。请转嘱弟妹们，多多努力，无止境的进步，不要因我而消极灰心。并好好教育六如（苟悦彬之子），要他继承爸爸的意（遗）志！"

渣滓洞的刽子手们失望了，疯狂了。1949年11月重庆临近解放，就在曙光即将到来的11月27日，国民党反动派在渣滓洞制造了震惊中外的大屠杀。刽子手们将苟悦彬和其他监禁于此的300多名革命志士枪杀后，丧心病狂地泼上汽油，焚尸灭迹。

苟悦彬为了中国人民的革命事业献出了他宝贵的生命，牺牲时年仅30岁。重庆市解放后，市人民政府追认他为革命烈士。

苟悦彬，你是红岩上永放光彩的红梅；苟悦彬，你是红岩上长青的绥江黄葛树；苟悦彬，你是绥江最优秀的儿女；苟悦彬，你是绥江人永远的骄傲！

苟悦彬烈士

铁瓮关口与邱氏父女

【绥江人历来淳朴善良,看似闲散而又漫不经心,一如平时温驯的金沙江水。绥江人也有着金沙江冲破一切阻碍奔流到海的勇气,以及磐石般坚持到底的毅力。这种勇气和毅力,是绥江人与生俱来的骨子里的意志,是绥江人的铁瓮精神。

　　如果说抗日战争改变了中华民族的命运,那么一南一北的两座桥就不能不提:北边的卢沟桥是日本全面侵华的开端,而南边的惠通桥则是我们民族走向胜利的起点。正如作家萧乾所说:"中国有千百条公路、数不清的桥梁,然而没有哪一条像滇缅公路,也没有一座像惠通桥那样足以载入史册。"1938年后的四年中,它是中国唯一的国际通道滇缅公路的咽喉,大量援华物资源源不断地由此输入。1942年5月在这里发生的由炸桥拉开序幕的阻击战,挡住了日军进攻昆明,保住了重庆安全,改变了二战态势,被誉为"一分钟改变了历史"。两军对峙两年,日寇始终未能过江。1944年,滇西率先大反攻,西出此桥,尽诛寇军。惠通桥之改建,绥江邱天培(字石麟)功不可没。

　　沿绥江县城东南行28公里,一个山峦俊逸、溪水清澈的袖珍集镇跃然眼前,这便是邱天培先生的家乡关口村。"万山罗列则有关口镇之称",小镇被大山环抱,畔溪而筑,与对岸突出的山岩相为犄角,清人刘伯墉诗云"要隘还夸关口强",关口人在道光三十年(1850年)建一城门,毫不谦逊地在其上大书"铁瓮"二字。

关口大峡谷

清末,关口造纸业盛极一时,市场繁荣,民风强悍,却又人才济济,文武之才,层出不鲜。光绪二十四年(1898年),邱天培生于关口境内的木槐坪,自幼天资聪慧、学习勤奋,在县城两等小学堂读书六年,期期名列前茅。父母早逝,家道中落,幸得邹若衡、邹世俊兄弟和准岳父白玉廷资助,14岁的邱天培得以走出绥江,在昭通、昆明、武昌相继完成初中、高中、高师学业。读大学期间,立志报国,曾参加新滇社。民国十四年(1925年),先生毕业回滇,践行教育救国理念,先后在云南省立第二中学(现昭通一中)、云南省立一中(现昆一中)任教。1929年任省立一中校长,在任期间,严谨治学,校风井然有序,雨泽深远,深受师生爱戴。

1931年,邱天培被调省教育厅任秘书,由此步入宦途,旋即就任龙陵县长,兴政之余,他热心办学,主持开办了龙陵乡村师范学校,亲自教授英文课,颇得朱子遗风。先生在龙陵

的最大政绩便是主持抗日名桥惠通桥的修建。我从《重修惠通桥碑记》读到了龙陵人民对邱县长的感激之情："绥江石麟邱县长调宰斯邑，下车伊始，首以建筑斯桥为急务殚精竭虑，不遗余力……"正是因为邱天培、梁金山、赖月笙等中外诸君子同心协力，惠通桥才得以在1935年1月14日修建成功，如驾长虹，蛟腾龙舞，雄卧于江滩险恶的怒江天堑上。八十余年前，人背马驮，风餐露宿，修

关口古石门

建这样一座"从来未有之大建筑"需要付出怎样的代价？八十余年后，奔腾如故的怒江是否还在向这座早已荒废的桥梁致敬，是否还记得当年那位文弱的邱县长？

惠通桥是座功勋桥，史书记载，1938年8月30日，途经惠通桥的中国抗战输血管——滇缅公路通车，到1942年5月5日中断，共为中国从缅甸腊戌抢运了120余万吨的战略物资。我不敢想象，若是没有惠通桥，没有滇缅公路，中国历史、世界历史将会被怎样改写？

当中国军队炸毁惠通桥，沿怒江布防时，长达250多公里的怒江以东区域，便形成了一堵铜墙铁壁，这堵墙挡住了日军进攻的铁蹄，捍卫了尚未被战火摧残的半壁江山。此时此刻，已再次调任腾冲县长的邱天培是否想到了故乡的铁瓮城门？我们不得而知，只知道四天后，他在怒江以西的守军撤退殆尽后携印避走乡间。年过花甲的张问德先生挺身而出，以《答田岛书》怒斥敌酋，带领腾冲人民筑成坚固铁瓮，使敌军至战败也未能全部占领腾冲，使腾冲成为我们收复的第一座县城，使滇西成为最早光复的国土！

18年后，一位当年几乎是在最后

时刻逃过惠通桥的七岁女孩,在世界女子乒坛上建起了另一座铁瓮。她便是邱天培的爱女邱钟惠,惠通桥通车那年的12月22日出生在腾冲,邱县长把这座伟大的桥梁镌刻进女儿的名字中,足以见证惠通桥在他心目中的地位。此时,北京工人体育馆比赛大厅水泄不通、灯火通明,正在进行着第26届世界乒乓球比赛女子单打决赛,由高度近视、娇小柔弱的邱钟惠对阵来自匈牙利的乒坛宿将高基安。高基安是多届欧洲冠军,以近台逼削驰名于世,当天上午刚打败了上届冠军松崎君代,士气如虹,以大比分2:1领先。面对强敌,邱钟惠毫不气馁,灵活运用各种战术,连扳两局,终于把中国人的名字第一次刻上了吉·盖斯特杯,成为中国体育史上第一位女子世界冠军,这也是对八年前去世的父亲最好的慰藉。我不知道,在颁奖台上,她是否还记得自己跑过的惠通桥?是否记得在腾冲县府,父亲手把手教她写下的第一个"惠"字?这位绥江姑娘,力压群雄,冲破了重重障碍,亲手打开了通向女子乒乓球世界冠军之门,从此,中国姑娘们一个

❶ 毛主席接见邱钟惠
❷ 邱氏父女故里

接一个、一次又一次地捧起了这个银光闪闪的奖杯,她们筑起的铁瓮至今固若金汤。蓦然忆起,1990年,北京亚运会,邱钟惠作为功勋运动员出现在护旗的队伍里,绥江人奔走相告,那老太太是咱绥江人。

行文至此,又想起石麟先生的妻兄妹白宗元、白宗华,白宗华追求进步,策动其兄起义未成,二人与全营官兵一起惨遭杀害,信念是他们筑起的铁瓮。先生五弟邱向之,抗战时期曾任第一集团军少将,是绥江两千多名抗日健儿之一,整个抗战时期,绥江牺牲了一百五十多名子弟,精忠报国是他们筑起的铁瓮。铁瓮精神,中华民族历来不缺。

闻香驻足的美食

> 餐桌上的美食无疑是你喜欢一个地方最直接的诱惑。酒香虫、品芋火锅、苞谷粑即是最绥江的地道味道，不仅让你齿颊留香，还将令你魂牵梦萦。

平民百姓的人参鹿茸——酒香虫

绥江的自然景观和人文风情，因河水上涨而奇特，也因江水消退而靓丽。

金秋十月，枫红露白，艳阳高照。帆樯络绎的金沙江边、乱石凌错的钟碛坝上，每天人来人往、川流不息。远观则异彩纷呈，如烂漫的山花；近视则飞沙走石，似拼杀的战场。男女老少倾城出动，人人奋勇，个个争先，把钟碛坝每块能翻动的石头，几乎翻了数千个身。这浩大的声势、壮观的场面、奇特的风物，引得过往客商停车痴望、驻足流连。不知情者，以为绥江人在搞什么大型集会活动，待弄清这些人是成群结队搬酒香虫时，尽皆拍手叫绝，咋舌惊呼："云南十九怪，酒香虫成了上等菜。"

酒香虫学名蜻象，当地人叫打屁虫：指甲大小，复翼善飞，落地后蠢笨无比，任人摆布，可以泡酒喝。民国《绥江县志》载云："此虫少时青色，撒尿臭不可闻，每到白露后，河水初退，遂成

酒香虫藏身之所——
江边碛坝一角

百千万飞藏岩底，约一小时，顿变黑色。身体肥大，肚中尽是白脂，月余绝迹，翻石捕之置温水中去尿炒食，味鲜而美且大温补，实乃绥江特产中之奇异者。"

　　酒香虫是绥江的特产，搬酒香虫、吃酒香虫更是绥江人的"专利"。放眼邻县以及全国各地的河谷深沟，蠢笨肥硕的蜉象虽多如牛毛，但从未见人捕食。外地人在绥江吃酒香虫，吃得津津有味、大快朵颐，回乡后也仿而捕之，然食时味道大变，究其原因，可能是水土之差异。

　　钟碛坝是绥江的聚宝盆，也是金沙江下游较为奇特的沙石坝。这里有取之不尽用之不竭的建筑资源，更多珠圆玉润、色

彩斑斓、享誉全国、天然无须雕琢的金沙江奇石。秋阳融融的十月小阳春，到钟碛坝搬打屁虫、拣奇石，实在是一项赏心悦目、飘逸潇洒的活动。它不仅能锻炼人的体力、磨炼人的毅力，而且能使你专心致志、气沉丹田，以一念代万念，很快进入物我两忘的周天世界里。不搬酒香虫的人到江边欣赏其他人搬石寻酒香虫，更是一种超凡拔俗的高级享受。漫步在五彩缤纷的人群里，倘徉在奇形怪状的鹅卵石中，看窈窕淑女很诗意的动作，听粗豪汉子力拔山兮的号子；或仰观天、俯察地，送鸿雁南飞，吟大江东去；或赏华峰秀笔，观斗霓辉；金沙怒浪，汶水清波。不为他人囊中鼓鼓而妒，不因自己两手空空而惭，很快就会生出此间胜景堪称妙、何处高人敢比狂的超凡感慨。

　　傍晚时分，酒香虫那怪怪美美的香气，弥漫着依山傍水的俏丽江城。长街两旁的小吃摊上，霓虹闪烁的阔店高厅，以及木楼竹椅

酒香虫

的百姓家里，无不高朋满座、笑语生香。黄霜霜、油亮亮、脆生生的打屁虫，成了一道令人口舌生津的绝妙好菜。红男绿女、三亲四戚围在一起，嚼一把酒香虫，饮一杯苞谷酒，话儿场离合悲欢，唱儿支悠悠心曲；谈艳阳天，歌芳草地，看电视新闻，诉百姓心声。人人豪情满怀，个个意气风发，往昔恩仇冰释，心中块垒顿消。

绥江新城迁建后，酒香虫栖息的河滩、碛坝，虽全部淹没，但这小小的虫儿，并未因此浩劫而消亡。它们追着迁移的人群，蜂拥到半山腰，在岩缝里栖身，在树洞中繁衍，以顽强的生命力，延续着绥江这种特有的古老风情。

随着环境的改善和世事变迁，绥江人对酒香虫的深爱，渐渐从口舌上转移到灵魂中，从餐桌上升华进思想里。帅哥美女们寻找酒香虫、品尝酒香虫，虽然是秋后一大靓丽风景，然保护酒香虫、放生酒香虫活动，却成了一时尚风潮。仁人志士们再也不吃这种有灵性、能给人带来吉祥安康的虫子，大家把寻找酒香虫活动，视为回归自然、放飞心灵之旅。寻不着不气

绥江美食节

馋,寻到酒香虫马上放生。

以后,随着环保意识的加强、文化品位的提高,酒香虫这道名菜的异香,将渐渐淡出餐桌,牢牢萦绕在绥江人的脑海里,永远封存在纸张泛黄的线装书中。

鲜味帝王夸不够——绥江晶芋

饮和食德。这是当年孙中山先生给云南宣威火腿大王的著名题词。

民以食为天。于百姓而言莫不如此,于帝王圣贤而言,何尝不如此?

中国饮食文化的发展轨迹,贯穿着一条基本线路,从民间而

绥江品芋

来，到朝廷廊庙，由朝廷廊庙，回到民间中去。

我们把镜头切到大唐天宝年间。渔阳鼙鼓动地来，惊破霓裳羽衣曲。风流天子李三郎，不爱江山爱美人。唐明皇李隆基带着他那位爱吃荔枝的爱妃杨玉环流落到蜀中。落难天子老虎尚有余威，尚要在民间寻求供奉。这时有人供上了一种像纺锤大小的芋头，制作成玉脂一样的玉泥。玄宗用罢，一扫连日奔波的穗颜，连呼三个一品。这芋头从此以后，换江山不换任务，成了后来地方长官进贡朝廷的宝贝疙瘩，这芋头就以品芋的名字叫到了今天。到现在人们开玩笑都说，吃啥子？吃皇帝脑壳——芋（御）头。

这把皇帝脑壳绑架在一堆的芋头，它的原产地或者祖根，在绥江县中城镇的凉水井，这里至今还种植着当年的贡芋。这里的人至今心中还种着一块圣田——种良心芋头，不做杀鸡取卵的蠢事，按老规矩种芋，不把贡品芋头的牌子砸掉。

我们又回到早已赶走皇帝，人民当家做主的今天，人们更加热爱生活，更加怀德、重礼、养和。有山有水的绥江、既川又滇的绥江人扎实喜欢包容性强、兼容量大，既热和又中和的一道大菜、主菜、招牌菜——品芋火锅。

品芋火锅，是家常火锅系列中的奇异花朵，是物华天宝的绥江头面菜。

秋冬时节，暑去寒生。外面的冰冷和家中的热闹，形成鲜明对比。火锅成了人们点亮归家念头的星火，火锅成了亲人、家人团聚的磁场。绥江的品芋成了绥江人推介家乡的名卉，绥江品芋成了外地人认知绥江的标牌。

热气、热闹、热和、热腾、和睦、和人、和善、和顺。在家宴，在酒楼，在人们嘴里，有一道菜，它一上桌，必定引来满座欢呼，吔，土火锅。在冬天，无论走到哪里都有它的存在。鲜肉做的尖刀圆、现炸酥肉、口蘑、木耳、黄花、猪蹄花、土鸡肉等，大汇菜中，深藏不露的是高贵的品芋。它越是身居九重，人们越是要把它找出来，请贵客或者长者先品尝。贵客或长者又把它逊让给其他亲友。德矣、和矣、礼矣、道矣，都在其中。

如脂如玉，亦香亦糯，又鲜又滚，这就是品芋的味道，这就是绥江舌尖上的名片。

在严寒中，在初春时，凡节日必有品芋火锅，凡有品芋火锅的日子，必是节日。

品芋火锅

绥江品芋不仅细腻滑润，具有消食顺气、润肠养颜之功能，而且煮熟后不黏糊、不浑汤，细嫩化渣。当地文人有诗说："似瓶非藕出香泥，独产绥江大小畦。丽影凌波连地脉，琼姿踏月透天机。锅中有你成佳宴，席上无君少话题。鲜味帝王夸不够，芳名远渡大洋西。"

一品芋头，在我们找不到词语抒情的时候，我们只有请上乾隆老爷来圆场了。

——不可一日无此君。

美食节

齿颊香过梦亦甜

靠水而居的绥江人用创造生活的方式诠释对生活的热爱，生活用它的甜蜜馈赠热爱她的人们。

南方出稻子。世代居住在西南腹地、滇川交界处的绥江人积累了种稻的文化，同时也光大了稻米的食用艺术。糯米的食用则是其艺术之精华。清明粑、喜沙扣、蒸笼肉，荤的、素的都离不开糯米。自然，绥江叫得响当当的甜酒、果果、炒米糖就更是糯米的艺术结晶了。

曾几何时，临江的青石板路走来走去多少挑夫游贩。"果

绥江苞谷粑

果、炒米糖"，"甜酒鸡蛋"，这些叫卖声，让多少人从甜梦中醒来，走回甜蜜的生活。炒果果、打炒米糖、蒸甜酒，曾几何时成了最香最热烈的年味。这年味里，有糖的味素，有糯米的芳香。

糯米，绥江人管它叫酒米，从名字可以看出"米、酒、绥江人"的关系。

果果、甜酒、米花糖，都是糯米在涅槃之后不同形式的美好再生，都在生米做成熟饭后，全新问世。

炒米糖，又叫米花糖。主要用糯米和白糖制作。第一道工序就是将糯米蒸熟再晾干，使它还原成米粒状。然后将糯米与猪油、饴糖水拌和、烘干。传统的炒米糖，是用砂炒出来的，而今天的炒米糖，大多用油炸。砂炒出来的更有口感，也节约用油。待到米膨胀四粒米大小时，再将糖浆倒入，加上花生仁、芝麻、苏麻拌匀，倒在案上的匣内或框内，经过推平、碾紧，再切块，香甜可口的炒米糖就热和出场。

过去的年味，就是在大伙帮衬下掀起来的。做炒米糖，就得要有经验丰富的长者执铲，其他家庭成员或亲戚、邻居帮忙打杂才完得成。做果果，那就更复杂了。泡米倒是不太费劲，石磨米浆却要时间、要劳力，要男女老少齐上阵，果果虽甜工序繁。做果果，需要一种叫果果药的草药，起膨化作用。把米浆和果果药拌和，再把浆子烧开，烧熟后，再放入碓窝里拌搅，称为打果果。待到凉时，摊到簸箕上，切片、晾干，这一晾，没有半月一月是不行的。到炒果果时，也是一场"人民战争"。添柴续火，执铲主炒，筛砂刮砂，裹糖簸匀，全都有技术含量。哪个环节出了问题，都关乎成败。须知，看起来或浑圆可爱，或条形均匀，咬起来酥脆喷香，白渣飞雪的果果才是过年可以敬奉老人、可以招待客人的那个"果果"。吃食无小事，处处见精神。这精神中，有工匠精神，有协同精神，还

有追梦、圆梦精神。

过年，是一件很甜美的事，是经过多少酸苦后享受甜美的事。炒米糖、果果象征着甜蜜，而甜酒，就是它们的总代表。有了酒，就有精神上的升华。

甜酒，四川人叫它醪糟。自然化酒则成醪，连其主料糯米饭一碗盛着即是醪糟。蒸米成饭，这无疑是首道工序。最重要的还是曲的质量。曲是酒魂，酒有魂，则酒就有神。曲和，家和；酒好，家好。当然，酒出得好否，一靠天气，二靠密封保温，这就是绥江人说的保窝子。保窝子，犹如坐月子，是捂出来的美好。缕缕酒香，随风飘出，微微浮生，入耳入心。人生之醉，在于自力自足，人生之乐，在于有为有获。

齿颊香过梦亦甜，最甜的，是出自我们手中的。

我在绥江等你（代后记）

经年里，我固守青丝，只为在纤尘不染的山水绥江等你。红尘中，我空负年华，只为在绿意葱茏的竹海新城等你。

晨曦微露的日子，我在森林公园等你。当鸟语与虫鸣浮上枝头，当季节的花香在密林深处聚集，谁言时光不老，谁在凄凄的芳草里，成就双飞蝶舞？

风起云涌的日子，我在逗号码头等你。看云卷云舒，任空旷的喜悦在时光中升华。你说好吧，不言青丝柳絮，不说流水微澜，只待落叶纷飞时诉说远方，在传奇里海角天涯。

月落乌啼的日子，我在云梯等你。仰首向前，清零昨夜的相思与离愁。淡看世间纷纷扰，乘一缕山风，细数岁月静好。

灯火阑珊的日子，我在观景台等你，任清风拂面，享一城琳琅光芒。当诗意的璀璨于眉间驻守，当点点微光绚烂了半壁天穹，我便是最轻盈的一粒，贴着夜色，绽放似水柔情。

细雨纷飞的日子，我在彩虹桥上等你。撑一叶天空，看轻舟漫舞。百舸争流千般媚，谁在浮云尽头？

　　月朗星稀的日子，我在千年渔村等你。似水流年里，我是孤独的守渔人，在青石幽径里疏影话桑麻。当皓月屏蔽了尘世的喧嚣，当星空斑斓了岁月的脊梁，我们慢下来，静看细水长流。

　　醉一袭霓裳，倾一世温柔，我在温婉娇媚的湖滨新城等你。等你入我画廊，共我青山绿水。